HR从助理到总监

系列丛书

HR员工培训
从助理到总监

贺清君

著

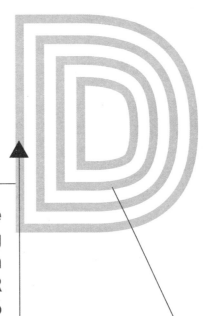

**Employee
Training
From
HR
Assistant to
HRD**

中国法制出版社
CHINA LEGAL PUBLISHING HOUSE

第一部分　新手入门篇

第三章

培训计划制订——凡事预则立不预则废

第四章

员工培训组织和实施——细节体现职业化

第五章

培训效果评估——没有评价等于没有结果

第六章

培训工作总结——没有总结就没有进步

第二部分　快速提升篇

第七章

专项培训组织——目标不同模式不同

第八章

培训经费预算管理——巧妇难为无米之炊

第九章
岗位培训体系设计——根据需求设计课程

第十章
脱岗培训与外派培训——特殊培训要做好管控

第三部分 高手技能篇

第十一章
培训管理制度设计——没有规矩不成方圆

第十二章

培训课程开发——围绕目标循序渐进

第十三章

外部讲师管理——一切资源为我所用

第十四章

内部讲师选拔与培养——充分挖掘内部潜能

第十五章

培训服务供应商的选择——没有对比就没有择优

第十六章

E-Learning——e 时代的培训

第十七章

培训战略规划——站得高方能看得远

第十八章

名企培训案例分享——他山之石，可以攻玉

01

第一部分

新手入门篇

入门篇重点介绍的内容包括如何正确认识培训、培训需求如何分析、培训计划如何制订、培训工作如何组织、培训效果如何评估等。

这部分内容是人事助理、培训助理、培训主管和各级培训经理必须掌握的内容。

这部分内容是作为招聘管理必备的基本功。

第一章

新手上路

——全面认识员工培训

- 战略与培训之间究竟是什么关系?

- 培训在人力资源中占据什么地位?

- 员工培训要有什么样的核心理念?

- 企业中最常见的培训有哪些类型?

- 构成企业培训体系的内容有哪些?

- 企业培训主要有哪些风险需防范?

- 企业培训有哪些常见的管理误区?

本章导读

企业培训是指企业组织的旨在持续提高企业员工素质、能力和工作绩效，从而实施的有计划的人才培养和训练活动。

企业培训的主要目标在于使员工的知识、技能、工作方法、工作态度以及工作价值观得到持续改善和提高，从而最大限度地发挥出员工的潜能，提高个人和企业的业绩，推动企业和个人的不断进步，最终实现企业和员工的共同发展。

企业培训是企业管理的一个非常重要的环节，没有经过系统培训的组织不可能成为卓越的组织。同样对于企业而言，持续有效的培训是企业提升战斗力和执行力的基础。

1.1 战略与培训的关系

　　企业战略是企业设立远景目标并对实现目标的轨迹进行的总体性和指导性的谋划，属于企业宏观管理范畴，企业战略是对企业各种战略的统称，其中既包括竞争战略，也包括营销战略、品牌战略、研发战略，以及人才开发战略和人才竞争战略等。

　　实现企业战略、打造企业核心竞争力的关键是优秀的人才，企业要如何获得优秀的人才呢？一是可以空降和引进，二是内部培养。

　　企业培训必须站在经营管理战略全局的角度，系统审视培训体系，根据公司发展战略存在的短板，归纳怎样有效地通过培训对人力资源进行有规划的、持续的投资，如何利用培训资源引入"外脑"或利用企业自身的能力开发企业"内脑"，来持续保持和提升企业的市场竞争能力，如何通过培训不断提升员工综合素质，通过建立科学、有效、规范的人才培养管理体系，为实现公司战略提供持续的动力。

　　只有从战略高度审视企业培训，才能真正把握培训的全局，才能找到制约企业实现经营战略的短板，才能让培训真正实现对症下药。

　　企业成功的关键要素包括：清晰的战略、规范的管理机制和人才，如图 1-1 所示。

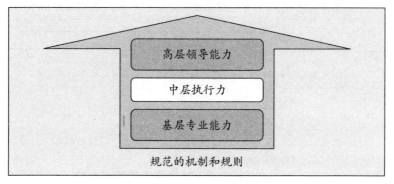

图 1-1　企业培训与战略的关系

　　这三个核心要素中，无论战略的布局还是机制的设置，都需要通过人才来实现：

- 高层领导能力：俗话说，"兵熊熊一个，将熊熊一窝"，高层的领导能力决定公司的战略方向，规范的机制和规则也是高层领导需要确定的关键内容，而企业发展的战略方向决定企业的命运和前途。
- 中层执行力：中层执行力负责将高层领导确定的方向执行到位。
- 基层专业能力：打造善于学习的人才和基层团队，这是企业持续稳健发展的基础。

企业赢得竞争优势的核心是"人才"，而培训是提升人才质量的关键举措。

1.2 培训在 HR 管理中的地位

一个优秀的企业不仅要有清晰的战略、优秀的文化、完善的管理制度，更重要的是要有高素质的、执行力强的管理团队和员工队伍。因此，企业管理培训是企业人力资源开发和管理的重要环节。

培训管理是企业人力资源结合企业人力资源规划和人力资源开发的总体要求，从培训需求分析入手、通过制订有效的培训计划并监督实施，通过有效的培训效果评估、总结和反馈，确保企业培训目标实现的过程。

企业培训在 HR 管理中的地位如图 1-2 所示：

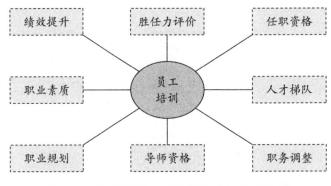

图 1-2　企业培训在 HR 管理中的核心位置

关于企业培训在 HR 管理中的核心地位的解释说明如表 1-1：

表 1-1 企业培训的核心地位的解释说明

关　联	主要关系
绩效提升	培训是绩效差距分析后企业必须及时提出的应对举措，培训是提升员工绩效最有效的手段，如果缺乏有效的培训员工绩效，改进和提升就会失去基础。
胜任力	胜任力是岗位"足够称职"或者说"足够胜任"的素质总和，员工只有以最高的职业标准要求来衡量，才能分析出能力素质的差距，通过培训可持续提升员工胜任力。
任职资格	任职资格是员工岗位最低基本要求，企业在做招聘时所有岗位都要有任职资格基本要求，不同岗位之间的差异就是任职资格的差异。对于不符合任职资格的则要及时给予培训来提升他们的素质。
人才梯队	企业在建立人才梯队时重要的是素质和能力的差异层次分布要合理，不同能力要求需要有效的培训来提升。
职务调整	职务调整考察期企业要有配套的培训来加快职务胜任的过程。
导师资格	企业内部导师，必须对所带的徒弟尽导师应尽的培训义务，否则企业内部的导师就是不称职的。
职业规划	员工职业规划必须通过持续有效的培训来推动，通过职业链不同职级的素质能力要求规划员工职业发展轨迹和能力要求。
职业素质	提升员工职业素质必须通过有效的培训来推动，缺乏有效的培训，员工素质提升必然成为一纸空文。
……	……

总之，员工培训在企业 HR 管理中具有核心价值地位。

1.3 员工培训核心理念

很多企业都把培训作为人力资源开发管理的手段，但是我们经常看到的是，很多人都把培训当作一种福利，由于企业老板不太愿意投入，管理者热情也不高，员工主动参与的就更少，事实上这是一种认知上的错误，更是培训管理的误区。

为了厘清培训的核心价值，企业各级领导要建立"培训是企业基本责任、培训是投资而不是成本"的正确观念。

1. 培训是企业基本责任

经营企业就是经营人的过程，从一定意义上来讲，培训既是企业的责任，也是管理者的责任，更是企业全体员工的基本责任。

一个企业想要持续有效地提升竞争力，让整个团队富有战斗力和执行力，就必须做好对团队和各级员工的培训。对企业各级管理者而言，培训是一种义不容辞的管理责任，为了让各级管理者有这个意识，人力资源要将培训纳入《岗位职责说明书》，特别是要纳入各级管理者 KPI 考核指标中以推动培训管理规范化。

缺乏培训责任的企业不可能成长为受员工尊敬的企业。

2. 培训是投资而不是成本

近年来，人力资本的概念非常火热。简单来讲，人力资本指花费在人力教育、培训等方面的投资所形成的资本，人力资本是通过劳动力市场工资和薪金决定机制进行间接市场定价的，由后天学校教育、职业培训以及劳动力就业信息收集与扩散等途径获得的，能提高投资接受体的技能、学识、道德水平和组织管理水平的总和。从一定意义上来讲，人力资本是由后天通过耗费一定量的稀缺资源形成的，这种投资是为增加未来收益而进行的。

人力资本的核心概念是"谁投资谁受益"。对于企业而言，做好培训最现实的价值是"不断地增加人力资本，不断地使员工更好地胜任岗位，不断提升以满足公司持续发展的要求"。

企业培训实质上是一种对员工的智力投资，企业投入人力、物力和财力对员工进行系统培训，员工素质提高越快人力资本升值越高，最终企业会实现业绩改善并获得整体投资收益。

1.4 企业培训主要类型

企业培训可以从多个维度进行分类，如图 1-3 所示。

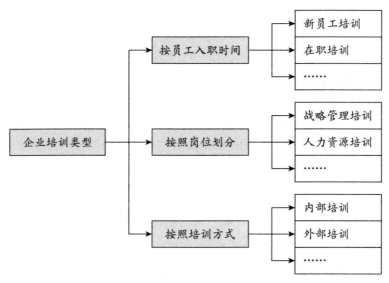

图 1-3　企业培训常见分类

关于企业培训分类概述如下：

1. 新员工培训

新入职员工培训是企业最常见的培训，主要针对入职企业后的新员工开展一系列培训。例如：

- 企业发展史培训：新员工参观企业、重点介绍企业发展历程、企业价值观、企业发展目标等；
- 企业管理制度培训：员工行为规范、劳动纪律奖惩条例、企业薪资福利政策、人力资源各项管理制度等；
- 业务部门业务培训：各业务部门对新员工进行业务培训，如车间上岗技能培训。

2. 在职培训

在职培训指的是员工不用长时间离开岗位而进行的培训，它是入职培训之后的再培训，是员工在企业职业生涯中的主要培训方式。

3. 按岗位划分的培训

按照企业岗位技能类型进行划分，如人力资源培训、战略管理培训、采购培训、生产培训、物流培训、市场营销培训、销售培训以及财务管理体系培训等。

4. 按培训方式划分

企业内训：是指企业根据企业培训的需求量身定做的企业内部培训课程，具有培训时间、培训地点方面的充分灵活性。企业内训可以分为公司培训、部门培训、岗位培训和自我学习。

- 公司培训：公司培训管理部门根据培训总计划组织的，全公司公共部分的培训，如企业财务管理、人力资源管理以及员工日常管理安全知识等；
- 部门培训：各部门根据公司培训总计划组织的，与本部门有关的各类知识的培训，如岗位职责、岗位操作法等；
- 岗位培训：岗位对员工进行的实际操作技能的培训与岗位内的相互学习；
- 自我学习：员工自己主动进行专业知识的再学习和操作技能的锻炼。

企业外训指的是企业员工参加的企业外部组织的培训，如拓展培训等。企业外训通常由外部讲师负责授课。

内训和外训对比如下：

表 1-2　内训与外训的对比

培训模式	优　点	缺　点	选择准则
外训	知识技能领先	如果盲目选择会导致知识转化率低	要清晰知道整个公司真正缺少哪些技能
内训	经济实用并且相对有针对性，培训方式灵活多样	知识面有一定局限性	内部培训是技能共享的最好途径，能实现"传帮带"的经济方式

1.5　企业培训管理体系

企业员工培训是一个由多种培训要素组成的体系，它包括了培训主体、培训客体、培训媒介，以及包括培训的计划、组织、实施、评估等各个有效的过程，此外还包括了培训需求分析、确立培训目标、订立培训标准、培训实施组织以及培训效果评价等过程。

建立企业培训管理体系的主要目的在于建立企业有效培训管理机构并有效分工，贯彻企业"全员培训"的理念，从企业高层管理的角度和高度来支撑和推动人力资源培训和日常培训管理工作。

关于企业培训体系框架如图 1-4 所示：

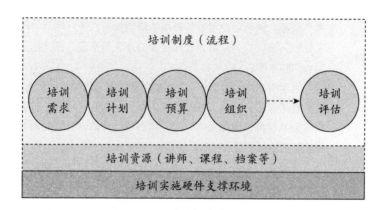

图 1-4 企业培训体系

从图 1-4 可以看出，为了实施有效的培训，企业要有相关培训支撑体系作为保障：

- 培训实施硬件支撑环境：例如，培训教室；
- 培训主要设备：例如，投影仪等基本设备；
- 培训资源：例如，培训讲师资源、培训课程、学员培训档案等；
- 培训体系运作：有效的培训需求、培训计划、培训预算、培训组织以及培训评估；
- 培训制度体系：为了确保培训的有效开展，人力资源要制定完善的《培训管理规范》并且经过内部有效培训和宣贯。

需要特别说明的是，任何管理体系的建设都需要循序渐进地去推动，绝非是一蹴而就的事情，企业在推动培训体系建设过程中可以按照以下步骤开展：

表 1-3　企业推动培训体系建设的步骤

阶段	阶段说明	关键步骤对应的工作
调整阶段	建立（调整）培训管理制度	（1）根据《培训满意度调查》反馈结果调整现有培训管理制度和流程，使之更加符合公司管理实际需要，特别是要建立完善的培训管理表单，如《培训效果评估表》等； （2）在培训管理制度中要特别明确公司培训管理部门职责：培训负责人的职责分工，规范培训工作的分工管理，为培训工作的开展提供相应的管理依据和支撑基础； （3）成立培训小组：有了组织才能保证企业各项培训工作对外有效开展和实施，同时必须对各管理团队培训负责人进行培训管理流程和制度等相关培训，加强培训管理经验的分享与交流，提升团队的培训管理意识和水平； （4）组建内部培训师队伍：要推动企业制定《内部讲师管理规范》，选拔具有培训能力的优秀导师组成内部讲师团队，培养一批具有较高素质的公共课程培训师和产品专业培训师，并推动公司明确对讲师的内部奖惩措施； （5）外部课程有效引入：适当引入外部培训课程，特别是要积极引进提升团队执行力和战斗力的课程。
体系完善	培训体系完善	（1）完善培训课程体系：完善并重点开发企业核心业务技能培训课程和中层以上员工职业素质培训课程。针对这些课程对应要推动公司完善规范化和标准化的岗位操作手册、岗位职责说明书、跨部门工作流程等； （2）引进关键职位所需的技能培训和技能课程：引进的方式包括派遣内部培训师参加外部培训课程，进行二次开发，形成公司内部培训课程；直接聘请外部培训师形成外部培训课程及外部培训师团；通过外部购买光盘和书籍等形式组织内部学习和分享； （3）经常开展新员工培训、系统专业培训、营销培训、管理培训、储备人才培训等相关专业化培训； （4）做好培训项目策划和宣传工作：任何一个培训项目的开展，人力资源部都要和相关部门负责人通力合作，通过精心培训项目策划和宣传工作，营造良好的培训氛围，提高员工参与培训的热情，从而切实提高培训的有效性； （5）培训方法有效探索：针对不同的培训课程采取最适合的方式方法，如情景模拟、角色扮演、案例讨论与互动、课堂讲授、员工典型突出事迹介绍以及拓展训练等，同时逐步规范企业各种课程的培训方法，使之更加适合企业管理特征。

续表

阶段	阶段说明	关键步骤对应的工作
体系优化	培训体系优化	（1）做好培训效果评估改进工作：为保证培训工作效果，可通过满意度调查、培训效果评估结果，通过这些效果分析数据及时改进企业培训教材内容，讲师与授课方式，培训组织、培训跟进等方面的工作，从而使企业建立的培训体系更符合业务和员工成长的需要； （2）做好培训体系的完善：根据培训体系框架，从各个维度和角度完善培训管理体系，使企业培训全力推动战略目标。

　　培训说起来简单，真的想做出水平来并不容易，需要严谨规范的策划，需要培训计划的落地，需要培训的组织和反馈，这是一套科学的管理体系，在建立科学的培训体系过程中要做好以下关键工作：

　　（1）培训需求分析

　　要想制订完善的培训计划，首先应当确定各业务部门的培训需求，培训需求的确定可以通过以下方面进行数据分析：

- 问题分析：即企业经营管理过程中主要存在哪些问题？哪些问题通过培训能够有效解决？哪些问题通过培训无法有效解决？
- 业务分析：通过探讨公司未来几年内业务发展方向及变革计划，确定业务重点，将新开发的业务事先纳入培训范畴。
- 组织分析：必须充分考虑培训的必要性，能内部培训的事情内部解决，同时确定培训的范围与重点。
- 工作分析：以《工作说明书》或《岗位职责说明书》为依据，确定岗位工作条件、职责及素质要求。
- 调查访谈：对各级人员进行面谈或者进行问卷调查，询问其工作需求。
- 绩效考核：绩效考核总结发现员工能力不足或需改进之处，这些信息将成为确定培训需求的重要来源。
- 任职资格：通过对任职资格的对比分析，可以分析公司在职业通道、发展通道中所需要的岗位能力要求，通过胜任力评价对比分析出培训需求。

　　（2）分析并汇总需求，提炼最有价值的需求

　　收集员工培训需求，必须做提炼和归纳，最终要汇总培训的优先级、重要程度和必要性，之后进行培训项目优先级排序。

（3）制订年度培训计划

有效的培训需求落地后，人力资源部制订培训实施具体计划，计划要经过公司高层会议集体评审（涉及企业配套培训资金的落地问题）。

（4）培训课程的选择

主要包括培训机构、培训内容、培训方式、培训对象和培训组织方式等。

（5）培训实施

培训计划制订后就要有组织计划的实施，从操作层面上讲应该注意重视过程控制，培训活动应注意事前沟通，塑造学习气氛，从而加强学习互动，营造良好的学习氛围。

（6）培训评估和反馈

对培训效果及时进行评估和反馈是非常必要的。培训效果评估一方面是对学习效果的检验，另一方面是对培训工作的系统总结。

 小贴士

培训需求是否和企业的经营战略目标相一致，外训和内训如何结合，这些在建立有效的培训体系中至关重要。

1.6 企业培训主要风险

企业在做员工培训过程中有些风险必须慎重处理和防范，如表 1-4 所示：

表 1-4 企业培训常见风险

风险描述	主要防范措施
培训后受训员工跳槽	受到专业技能培训、身价倍增后跳槽，企业可以采取及时签订有效的《培训协议》来解决。
重视外训不重视内训	内部培训和外部培训同样非常重要，有些培训不见得"外来的和尚好念经"，要充分挖掘内部培训潜质，有条件地引入外部培训。
缺乏培训需求分析	认真分析公司培训现状，必须认真分析员工核心需求。

风险描述	主要防范措施
培训效果不做分析	认真分析培训效果和学员的切身体验，为今后培训总结和积累更丰富的经验。
外派培训学习效果	外派培训员工的学习效果未达到预期或不能满足企业要求，企业不但蒙受经济损失，而且容易挫伤学员工作的积极性。

企业为了有效防范培训风险，主要措施包括：

1.健全培训管理制度

企业必须建立健全与培训管理相关的规章制度，做到内容合法、程序合法，对于培训常见风险有约束性管制措施。

2.合理设计培训协议

《培训协议》约定企业和员工在培训中应承担的责任和义务。《劳动合同法》中明确规定"用人单位为劳动者提供了专项培训费用，对其进行专业技术培训的，可以与劳动者订立培训协议，约定服务期"，对于如何合法、合理地设计培训协议，将是企业规避培训风险最直接、最有效的方法。

3.掌握培训管理技巧

培训技巧是企业管理者必须认真考虑的问题，涉及企业核心机密管理等：

• 建议企业对试用期员工做核心技能培训要慎重对待：原因在于虽然试用期也属于劳动合同期，但试用期是一个特殊阶段，企业对试用期员工进行核心技能培训后，如员工离职，可能会引起不必要的麻烦，势必给企业造成不必要的经济损失。如果企业坚持给试用期员工做核心技能培训，可以采取缩短试用期、及早给试用期员工转正的方式来解决这个难题。

• 分散培训梯队的部署：不要对某个重点核心员工一次性投入过多的培训费用，对于核心技术培训要做好梯队部署，同时可安排多个忠诚度高的员工参与培训。如果企业一次性对某个非常重要的员工投入过多培训费用，一旦该员工离职，即使企业能得到违约金，但由于培训费用数额巨大，员工可能因为没有偿还能力而导致不辞而别，企业同样也会蒙受经济损失。

• 注意做好培训相关证据保留：企业在组织培训后，培训费用的内容需员工本人签字确认，如限期组织受训员工签订《培训协议》，这样表示员工对培训费用没有任何争议，即使日后引发劳动争议企业也能掌握充足的证据。

1.7 企业培训常见误区

企业各级管理者对于培训要树立正确的认知，主动避开培训的管理误区。关于企业培训常见管理误区总结如表 1-5 所示：

表 1-5 企业培训常见误区总结表

主要误区	正确认知
培训是人力资源部或培训部的事情	【误区后果】这种认知将导致培训得不到各业务部门以及企业各级领导的支持
	【正确认知】培训是公司的事情，是各级部门共同的事情，只有大家达成共识，所有员工才能积极参与到培训中
只有技能培训才有培训价值	【误区后果】企业重视核心技术，忽略管理能力的提升
	【正确认知】培训要整体规划，同步实施，任何掣肘企业发展的关键点都是企业培训需求的来源
只对中基层员工培训	【误区后果】企业只对中基层员工培训，高层不乐于接受培训，最终导致员工的素质越来越高，而管理者却没有得到应有的提升
	【正确认知】公司高层的战略视野、管理能力、领导力往往成为制约企业发展的"瓶颈"
培训是为他人作嫁衣	【误区后果】认为培训是为他人（其他企业）作嫁衣，企业不喜欢投资给员工做培训
	【正确认知】培训是对员工的投资而不是成本

续表

主要误区	正确认知
培训是管理者的福利	【误区后果】中高层有很多培训，基层员工缺乏培训，与企业发展要求的能力脱轨
	【正确认知】企业培训是整体能力提高的系统工程
培训缺乏针对性	【误区后果】不做培训需求分析，培训没有针对性或者企业设置的培训内容不合理
	【正确认知】针对不同岗位、不同层级要有针对性的培训，任何没有针对性的培训都是浪费
培训是万能的	【误区后果】过于重视培训，以为培训是解决企业发展问题的"万能药"，或者过于迷信培训能够起到"立竿见影"的效果
	【正确认知】培训不可能有"立竿见影"的效果，需要在培训后继续推动培训对员工绩效改进或行为改进，通过树立"标杆"或"典型"对员工行为绩效起到潜移默化的作用

第二章

培训需求调查

——培训需求有效甄别

- 企业培训需求管理要实现的目标？
- 培训需求调查流程如何有效设计？
- 培训需求数据主要来源都有哪些？
- 培训需求最常见调查方法有哪些？
- 员工各种培训需求如何有效过滤？
- 培训需求价值应该如何有效评估？
- 培训需求如何组织企业内部评审？
- 如何有效制定企业培训需求报告？
- 企业培训需求如何有效规范管理？

本章导读

提到培训需求分析，很多人会以为这项工作"高大上"或者"触不可及"，事实上，企业在做培训需求分析的时候，只要本着企业"缺啥补啥"的原则看待这个问题，那么培训需求分析就会变得简单易行。

2.1 培训需求管理目标

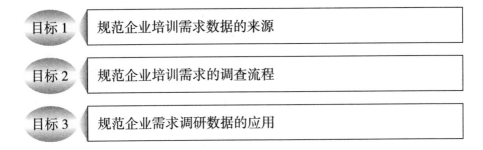

图 2-1 培训需求管理的三大目标

2.2 培训需求调查流程

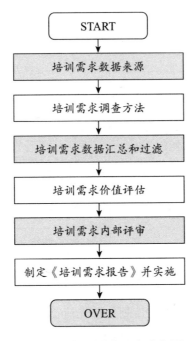

图 2-2 培训需求调查流程图

关于培训需求调查流程，从开始启动一直到培训需求报告审批，这是一个完整的需求提炼汇总体系，以下各章节会加以详述。

2.3　培训需求数据来源

培训需求调查，首先就要确定需求来自何处？只有找到需求来源，才能启动调查工作。

员工培训需求是企业培训工作的动力来源，如果没有需求也就没有培训的必要。用一个公式来表示需求就是：

$$需求 = 差距 = 期望值 - 现状$$

【**举例**】一位女士准备到减肥中心去减肥，她当然也有"减肥的需求"，这位女士现在 180 斤，期望经过两个月后能减到 120 斤，其间的差距是 60 斤，这个 60 斤就是这位女士的"减肥需求"。所以，需求的本质就是"差距"，只要分析清楚差距就可以提炼出需求。

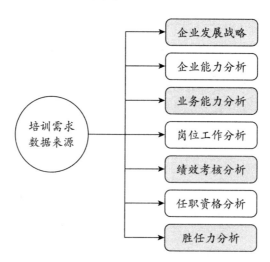

图 2-3　企业培训需求来源示意图

企业要想制订完善的培训计划，首先应当确定各业务部门的培训需求，培训需求的确定可以通过以下渠道数据来分析：

- **企业发展战略**：人力资源培训是为企业整体发展战略服务的，为实现企业整体战略目标，企业人才的素质和能力是否完备？主要差距在哪里？企业是否有新业务发展需求（如研发新项目开拓新的行业和市场等）？企业业务战略发展目标指到哪，企业的人才培养方向就朝这个方向努力去推动，这是确定培训需求的根本出发点。

- 企业能力分析：企业本身和外部竞争对手实力的差距在哪里？这个总体差异点就是组织培训必须集中突破的地方。

- 业务能力分析：通过探讨公司未来几年内业务发展方向及变革计划，确定业务重点，将新开发的业务，事先纳入培训范畴。

- 岗位工作分析：以《工作说明书》或《岗位职责说明书》为依据，确定岗位工作条件、职责及素质要求。

- 绩效考核分析：绩效考核总结发现员工能力不足或有待改进之处，这些信息是确定培训需求的重要来源。

- 任职资格分析：通过对任职资格的对比分析，可以分析公司在职业通道、发展通道中所需要的岗位能力要求，通过胜任力评价对比分析出培训需求。

- 胜任力分析：卓越绩效与一般绩效的差距点分析，分析企业做得最好的员工与做得一般的员工之间核心能力究竟相差在哪里。

上述各个需求分析来源的核心可以总结为一句话："企业问题的有效归纳和分析"，通过这些问题的归纳和总结，要明确哪些问题可以通过培训来解决，哪些问题无法通过培训来解决，这是培训管理者在研究分析企业培训需求时需要关注的重点。

2.4 培训需求调查方法

有了数据来源和依据，就要确定采用何种方法才能获得培训需求的数据。

培训需求分析是企业培训的出发点，也是最重要的一项工作。如果需求分析不准确，就会让接下来的培训工作偏离轨道甚至使所有培训成为无用功，浪费企业的人力、物力和财力，却收不到应有的效果。

企业要进行有效的需求分析，就必须采取合适的方法和工具。培训需求调查中最常用的调查分析方法有：问卷调查法、现场访谈法、行为观察法、集体研讨法等。

调查方法 1：问卷调查法

问卷调查法是最普遍也是最有效的收集资料和数据的方法。一般由培训部门设计一系列与培训需求相关的问题，以问卷的形式发放给培训对象，待培训对象填写之后再收回进行分析，获取培训需求的信息和数据。

（1）问卷调查法主要步骤

问卷调查法进行培训需求分析可以遵循以下五个步骤：

< 第①步 >：制订调查计划

- 特别是要明确调查目标及任务，及早和公司各级领导沟通获得他们工作上的支持。
- 一般而言，每年年底人力资源部都要对下年度培训需求做调研。

< 第②步 >：编制问卷

- 培训需求调查问卷（或问卷调查表）是问卷调查分析法的基本工具，通常采用选择题和问答题两种形式。
- 调查问卷要列出所需了解的事项清单并且需要将列出的事项转化为问题，此外要特别考虑的是设计好调查问题的针对性和有效性。

培训需求调查问卷设计可采用的类型参考如下：

表 2-1 培训需求调查问卷类型参考

类　　型	特　　征	作　　用
开放式	采用"为什么""如何"等方式提问，回答时不能用"是"或"否"来简答应对	挖掘对方真实想法
探究式	更加具体化，采用"多少""多久""谁""哪里""何时"等提问，如"你希望这样的培训多久举行一次"	缩小信息收集范围
封闭式	只能用"是"或"否"来回答的提问方式	规范信息回答

方式 1：最简单的调查表方式

最简单的调查表方式就是让员工直接填写调查需求，人力资源部再汇总提炼。关于培训需求调查表如表2-2所示：

表2-2　员工培训需求调查表

员工姓名		所在部门	
在岗位专业技能内部培训需求	（1） （2） （3）		
希望引入的外部培训课程	（1） （2） （3）		
公司管理制度培训	（1） （2） （3）		
其他培训需求	（1） （2） （3）		

上述调查形式的好处是简单，员工可以尽情发挥填写内容，缺点是规范性差，不容易统计汇总需求信息、信息归纳提炼成本高。

方式2：详细的调查问卷方式

详细的调查问卷首先要做的是调研信息的标准化处理，员工可以单选或多选，这样有利于后续统计分析。

培训需求调查问卷

请您仔细地阅读问卷的每一个问题，并把您个人的意见标在问题后相应的答案上。

培训需求调查问卷
1.您认为公司对培训工作的重视程度如何： □非常重视　□比较重视　□一般　□不够重视　□很不重视
2.您认为自己对于公司培训需求的迫切程度如何： □非常迫切　□比较迫切　□有一些培训需求，不是那么紧迫 □无所谓，可有可无　□没有培训需求

3. 部门内部关于产品、技术、行业和市场信息、岗位工作技能的培训、学习、分享是否充分:

☐非常充分　☐充分　☐还可以　☐不够充分　☐基本没有分享

4. 您目前的学习状态是:

☐经常主动学习，有计划地持续进行　☐偶尔会主动学习，但没有计划性，不能坚持
☐有学习的念头或打算，但没有时间　☐有工作需要的时候才会针对需要学习
☐很少有学习的念头

5. 您认为部门是否有知识壁垒（个人想学习部门高水平同事的技能，目前无法获得他们的培训和指导）:

☐有知识壁垒: 非常严重　☐有知识壁垒: 不是很严重　☐一般　☐没有壁垒

6. 对于新员工入职导师制，您认为导师真正的指导效果怎样（务必实话实说）:

☐非常好　☐比较好　☐一般　☐基本没有指导

7. 鉴于公司的业务特点，您认为最有效的培训方法是什么？（请选出 3 种）

☐邀请外部讲师到公司进行集中讲授　☐安排受训人员到外部培训机构接受系统训练
☐由公司内部有经验的人员进行讲授　☐部门内部组织经验交流与分享讨论
☐拓展训练　☐光碟、视频等声像资料学习　☐建立公司图书库，供借阅
☐建立网络学习平台　☐其他: ＿＿＿＿＿＿＿＿＿＿

8. 您认为，最有效的课堂教学方法是什么？（请选出您认为最有效的 3 种）

☐课堂讲授　☐案例分析　☐模拟及角色扮演　☐音像多媒体　☐游戏竞赛
☐研讨会　☐其他＿＿＿＿＿＿＿＿＿＿＿

9. 您认为公司过去一年内举办的培训课程哪些地方有待改进:

☐培训内容理论程度应深化　☐培训内容实用程度应加强　☐提高讲师水平
☐培训组织服务更完善　☐培训形式应多样化　☐培训次数太少，可适当增加
☐培训应少而精　☐培训时间安排更合理
☐其他: ＿＿＿＿＿＿＿＿＿

10. 公司在安排培训时，您倾向于选择哪种类型的讲师:

☐实战派知名公司专家，有标杆公司经验　☐学院派知名教授学者，理论功底深厚
☐职业培训师，丰富的授课技巧和经验　☐咨询公司高级顾问，丰富的项目经验
☐本职位优秀员工，对公司业务很了解　☐其他: ＿＿＿＿＿＿＿＿

11. 以下讲师授课风格及特点，您比较看重哪一点？

□理论性强，具有系统性及条理性 □实战性强，有丰富的案例辅助

□知识渊博，引经据典，娓娓道来 □授课形式多样，互动参与性强

□语言风趣幽默，气氛活跃 □激情澎湃，有感染力和号召力

□其他：＿＿＿＿＿＿＿＿＿＿＿

12. 假如您在某一领域的丰富经验，您被推荐担任某一门课程的内部讲师，您是否乐意：

□非常乐意，既可以锻炼自己，又可以分享知识，何乐而不为

□乐意，但是没有经验，希望公司能提供关于讲授技巧方面的培训

□乐意，但是没有时间做这个事情 □需要考虑一下 □不会担任

13. 您认为培训时间安排在什么时候比较合适：

□上班期间，如周五下午2-3小时 □工作日下班后2-3小时 □周末1天

□双休日2天 □无所谓，看课程需要来定 □其他：＿＿＿＿＿＿＿＿＿

14. 您希望的或者所能接受的培训的频率是怎样的：

□每周一次 □半月一次 □每月一次 □两月一次 □每季度一次

□半年一次 □每年一次 □其他：＿＿＿＿＿＿＿＿＿＿

15. 您认为个人年度培训需求重点在于哪个方面：

□岗位专业技能 □个人自我管理技能 □公司文化 □职业道德与素养

□职业生涯规划 □行业、市场及产品信息 □人际关系及沟通技能

□通用基本技能 □其他：＿＿＿＿＿＿＿＿＿

16. 您认为以下哪些通用基本技能课程能帮助您提升工作绩效？

□沟通技巧 □积极心态 □销售策略分析 □项目管理 □目标管理

□创新思维 □提升领导力 □高层战略管理 □员工辅导与激励 □提升执行力

□高绩效团队建设 □压力与情绪管理 □工作效率提升

17. 您认为从公司的角度来讲，急需安排的培训是什么？（限3个主题）

（1）＿＿＿＿＿＿＿＿＿＿＿＿＿＿＿＿＿＿＿＿＿＿＿＿＿

（2）＿＿＿＿＿＿＿＿＿＿＿＿＿＿＿＿＿＿＿＿＿＿＿＿＿

（3）＿＿＿＿＿＿＿＿＿＿＿＿＿＿＿＿＿＿＿＿＿＿＿＿＿

18. 您认为从部门建设的角度来讲，急需安排的培训是什么？（限3个主题）

（1）＿＿＿＿＿＿＿＿＿＿＿＿＿＿＿＿＿＿＿＿＿＿＿＿＿

（2）＿＿＿＿＿＿＿＿＿＿＿＿＿＿＿＿＿＿＿＿＿＿＿＿＿

（3）＿＿＿＿＿＿＿＿＿＿＿＿＿＿＿＿＿＿＿＿＿＿＿＿＿

19. 您认为从本职岗位角度来讲，急需安排的培训是什么？（限 3 个主题）

（1）＿＿＿＿＿＿＿＿＿＿＿＿＿＿＿＿＿＿＿＿＿＿＿＿＿＿＿＿＿＿

（2）＿＿＿＿＿＿＿＿＿＿＿＿＿＿＿＿＿＿＿＿＿＿＿＿＿＿＿＿＿＿

（3）＿＿＿＿＿＿＿＿＿＿＿＿＿＿＿＿＿＿＿＿＿＿＿＿＿＿＿＿＿＿

论述题	（1）您对公司培训最满意的地方在哪里？ （2）您对公司培训最不满意的地方在哪里？ （3）您认为公司目前培训急需解决的问题是什么？ （4）您对公司培训工作的意见或建议。
个人信息	
所在部门	□销售部门　□研发部门　□生产部门　□职能部门　□其他
职务级别	□高层领导　□总监级　□部门经理级　□主管级　□普通员工
学　　历	□博士　□硕士　□本科　□专科　□职高　□中专　□高中及以下
入职时间	□6个月至1年（含）　□1—2年（含）　□2—3年（含） □3—5年（含）　□5年以上（含）　□新员工

小贴士

在设计调研问卷的问题时应该注意：

（1）问题尽可能简化避免引起歧义；

（2）问题回答勾选要简单不要过于复杂；

（3）题目设计要简单容易选择。

< 第③步 >：下发问卷

人力资源部通过全员电子邮件（或者打印问卷下发）等方式将调查问卷下发给员工，要求限期提交反馈。

关于调查问卷下发电子邮件的参考格式如下：

人力资源培训需求调查问卷（范例）

尊敬的各位同人：

大家好！

为了对公司人力资源 20×× 年度培训计划提供科学的调研依据，特实施本次调查。

本次调查所涉及的调查问题，请您实事求是填写，您所选的结果本身没有对错或好坏之分，您所填写内容的真实性和完整性将对公司培训提供重要的参考依据。

这份调查问卷填写将占用您非常宝贵的时间，我们诚恳地请大家能够认真、详细地填写问卷，您的填写内容仅作为统计和分析的依据，我们将以严谨的职业态度承诺对您所答问卷严格保密。

本次调查问卷反馈截止日期：20×× 年 × 月 × 日之前。

衷心感谢您的积极参与！

人力资源部

20×× 年 ×× 月 ×× 日

< 第④步 >：回收调查问卷

- 调查问卷下发后员工会陆续提交，但是如果发现提交问卷不符合质量要求，应当责成其重新修改提交确保符合质量要求。
- 调查问卷在下发之后，可以通过相关配套手段督促员工填写，如可通过各部门经理、部门助理等督促所管辖范围员工的填写反馈。

< 第⑤步 >：统计问卷形成调查报告

- 编写调查结果分析报告，提交调查结果给公司领导审核（报告格式后续有介绍）。

（2）问卷调查优缺点

- 主要优点是调查成本低、实施范围广并且收集信息比较齐全；
- 主要缺点是持续时间长、问卷回收率可能不高（必须做好督促）。

调查方法 2：现场访谈法

现场访谈法也是收集培训需求数据的一种有效的方法。

这种方法主要是与访谈对象进行面对面的问题沟通和交流，这个过程不只是收集硬性数据，如事实和数据等，还包括分析对问题的观点以及对信息的有效判断等，此外在访谈过程中有效的探讨也是确保访谈过程取得有效性的主要手段。

（1）主要步骤

< 第①步 >：制订访谈计划

- 访谈计划要确定访谈目的、访谈项目，同时要沟通并确定相关人员名单（被访谈对象要有一定的代表性和典型性）。

- 准备好访谈提纲，访谈提纲要注意内容覆盖度，访谈表如表 2-3 所示：

表 2-3　部门经理培训需求现场访谈表

部门经理		所在部门	
访谈日期		访谈地点	
现场访谈问题	回答结果		问题备注
组织能力分析角度，部门需要哪些必要的培训			
业务能力提升角度，部门需要哪些必要的培训			
岗位工作分析角度，部门需要哪些必要的培训			
绩效考核角度，部门需要哪些必要的培训			
员工任职资格角度，部门需要哪些必要的培训			
员工胜任力角度，部门需要哪些必要的培训			
人才梯队建设角度，部门需要哪些必要的培训			
需要哪方面培训?	□专业提升　□职业素质　□职业技巧 □管理培训　□其他＿＿＿＿＿＿＿＿ ＿＿＿＿＿＿＿＿＿		
……	……		……
共性问题	GP1：培训过程中遇到的最大困惑或困难有哪些?		

续表

共性问题	GP2：对公司培训最满意的方面有哪些？	
	GP3：对公司培训最不满意的方面有哪些？	
培训意见或建议	（1） （2） （3）	

小贴士

　　上述问题角度和维度可继续细化以确保问题的针对性，如"在业务能力提升角度，部门需要哪些必要的培训"可以从研发、销售和管理等多个维度设计访谈问题。

　　此外，对普通员工的培训需求访谈要有针对性，如对低绩效员工访谈，在设计现场访谈表的时候就要考虑访谈问题的针对性，如表2-4所示：

表2-4　员工培训需求现场访谈表

被访谈员工		所在部门	
访谈日期		**访谈地点**	
现场访谈问题	**回答结果**		**问题备注**
个人绩效方面目前存在哪些不足？			
是否清楚部门定义的绩效目标？部门是否和个人有效沟通过？			
个人绩效目标与现实绩效之间存在什么样的差距？			
你认为是什么事情阻碍了个人绩效水平的发挥？			
为达到标准绩效水平，个人需要公司提供哪些培训？			
提升绩效的培训课程建议有哪些？（请列举）			

绩效改进培训期限多长为宜？更倾向于在工作时间还是在休息时间进行培训？		
你希望采取何种培训方式？是讲课方式、研讨会方式还是公司提供类似课程的光盘自学？		
……	……	……
共性问题	GP1：培训过程中遇到的最大困惑或者困难有哪些？	
	GP2：对公司培训最满意的方面有哪些？	
	GP3：对公司培训最不满意的方面有哪些？	
培训意见或建议	（1） （2） （3）	

＜第②步＞：正式访谈

● 营造适合交流的访谈氛围；

● 向访谈对象做访谈目的的简单介绍；

● 按照结构化访谈表单进行访谈。

＜第③步＞：收集数据

● 向访谈对象提问获得信息；

● 关键问题要"打破砂锅问到底"；

● 访谈结果不要模棱两可。

＜第④步＞：访谈总结

● 对各个级别访谈要分类总结；

● 提炼出共性的需求。

＜第⑤步＞：访谈报告

● 编写调研结果分析报告；

● 提交调查结果给公司领导审核。

（2）优缺点分析

- 主要优点是获得资料全面真实、信息量大、针对性和有效性较强；
- 主要缺点是受访者容易受到访谈者的影响，访谈投入时间人力大，问题可替代性较差。

调查方法3：行为观察法

行为观察法主要是指在不妨碍被观察对象正常工作的前提下，通过旁观方式，认真观察被观察对象的行为举止、工作效率、工作情绪和态度等日常行为信息。

（1）主要步骤

<第①步>：确定被观察对象

- 确定哪些人需要纳入观察对象范围；
- 建议重点观察绩效差的员工。

<第②步>：日常观察计划

确定日常观察项目和观察计划。

<第③步>：日常观察记录

按照观察计划详细记录被观察员工日常行为信息。

员工日常行为记录参考记录如表2-5所示：

表2-5　员工日常行为记录表

被观察员工						
观察日期						
观察项目	观察结果					备注
	非常好	良好	一般	较差	特别差	
工作效率						
工作态度						
沟通能力						
工种熟练程度						
工作方法恰当性						

时间安排合理性						
语言表达能力						
同事相处 是否融洽						
解决问题能力						
……						
团队中影响力						

< 第④步 >: 观察信息统计

通过观察计划和日常观察信息进行统计分析。

< 第⑤步 >: 落实观察结论

根据观察统计信息，提炼出有效的培训需求信息。

（2）优缺点分析

● 主要优点是不妨碍被观察对象正常工作，通过有效观察所获得的信息能够相对更准确地反映实际培训需求；

● 主要缺点是观察时机不同可能观察效果不同，只有对被观察者所从事的工作非常熟悉才能做好观察和分析工作，"人是最复杂的动物，绩效表现受到的影响因素很多"。如果被被观察者发现可能致使观察结果产生严重偏差。

调查方法 4：集体研讨法

集体研讨法又叫小组讨论法，是指组织有代表性的小组，针对培训需求做集体讨论分析，针对培训需求尽快达成一致意见。

（1）主要步骤

< 第①步 >: 制订小组研讨计划

人力资源部在组织召集小组讨论前，要认真分析并落实小组研讨计划，关于集体研讨工作计划表如表 2-6 所示：

表 2-6　集体研讨工作计划表

日期	研讨小组成员	主要研讨内容（范围）

< 第②步 >：召集研讨小组讨论

- 安排专人根据研讨计划组织召集研讨小组召开研讨会：包括会议通知、地点等；
- 要有专人记录《会议纪要》。

< 第③步 >：小组意见汇总

对于研讨小组集中达成一致的意见，要做归纳和汇总，内容如表 2-7 所示。

表 2-7　集体研讨记录表

研讨日期		研讨地点	
主持人		研讨形式	
研讨主题			
参加人员			
达成共识的培训需求	（1）		
	（2）		
	（3）		
	（4）		
	……		
记录人			

（2）优缺点分析

- 主要优点是能够让每个人畅所欲言、表达不同的观点，能够缩短决策的时间，对于培训需求尽快达成一致意见；
- 集体讨论法的主要缺点是组织成本较高，另外对于不善于表达意见的人员无法从现场收集真实有效的培训需求。

调查方法 5：数据分析法

数据分析法主要针对企业各种经营管理数据进行有效分析，主要数据包括档案资料数据、绩效考核数据以及企业重大事件记录数据等。

（1）主要步骤

< 第①步 >：确定数据分析来源

- 档案资料：利用现有的有关企业发展战略规划、员工岗位职责说明书等方面的文件资料，对培训需求进行综合分析；

- 绩效数据：通过分析绩效表现差的团队或员工，分析问题存在的真正原因，有针对性地提出流程能力改善计划和个人能力提升计划，从而获得有效的培训需求；

- 重大事件数据：通过分析年度关键绩效领域发生的重大不良事件，发现企业运营管理方面存在的不足，从流程、制度和员工能力素质三方面分析事件发生原因，如果是能力不足的原因，则必须对症下药安排培训。

< 第②步 >：根据过去数据做分析

重点分析数据反映的问题、问题根源以及通过培训能解决的问题等。

< 第③步 >：形成分析报告

根据过去经营管理数据做归纳和汇总，见表 2-8 所示：

表 2-8　公司经营管理数据分析表

分析日期		分析人	
分析数据			
数据来源	分析发现问题	问题根源	通过培训能解决的问题
档案资料			
绩效数据			
重大事件			
……			

续表

提炼有效 培训需求	（1）
	（2）
	（3）
	（4）
	……
分析报告 审批	

（2）优缺点分析

- 主要优点是分析数据质量稳定，可提炼总结很多有价值的管理信息，为培训需求提供相对可靠的支持；
- 主要缺点是企业发展是动态的，过去不代表未来。

2.5　培训需求有效过滤

【切记】不是所有的培训需求都是有效的，企业也不可能无条件支持所有培训需求。

分析培训需求，是为了让培训有效果，能实现预期目的。培训的目的有2个，公司层面是为了达到公司战略目标和业绩要求，员工层面是为了提升员工技能，打造稳定高绩效团队，简单来说就是找出目标与现实的差距，通过培训来实现目标。

从不同渠道采用不同方法调查的数据，最终要汇总，同时筛掉无效的数据：

- 需求模棱两可和不清晰的数据；
- 共性的需求要做归纳总结。

通过调查问卷、现场访谈以及管理文档的检查来互相验证，对于验证确切的要形成《培训需求多维度验证表》，最终过滤掉无效的需求。

表 2-9　培训需求多维度验证表

验证问题要点	调查问卷	现场访谈	……	验证结果		
	√	×	√	□需求明确	□含糊	□没结论
	√	√	×	□需求明确	□含糊	□没结论
	×	√	√	□需求明确	□含糊	□没结论
	……	……	……	□需求明确	□含糊	□没结论
	√	√	√	□需求明确	□含糊	□没结论

【提示】培训需求验证问题要点来自调查问卷、现场访谈以及管理文档的提炼。表 2-8 中（√和 ×）采用自我诊断模式的确认结果。

 小贴士

从理论上讲，企业培训需求的证据来自多个维度，但是至少需要 2 个维度方可互相验证结果。例如，企业培训是否做得好，通过抽查培训文档和调查问卷足以验证。

对需要审慎下结论的不要轻易下结论，建议采用调查问卷、访谈和文档检查 3 个维度开展互相验证。

2.6　培训需求价值评估

人力资源部统计汇总的培训需求数据，要经过有效的汇总和过滤，最终提炼出最有效的和最有价值的培训需求信息。

"培训很贵，不培训更贵"，大家都知道培训很重要，于是许多企业都会有各种各样的培训，但是究竟哪些培训是企业和员工真正需要的呢？对于明确的培训需求，需求企业是否都要做？员工富有个性的需求是否和企业发展战略目标需要的支撑目标一致，在培训需求评审时是需要明确的。

关于培训需求价值评审如表 2-10 所示：

表 2-10 培训需求价值评审表

明确的培训需求	是否符合战略	是否有利于团队能力提升	是否有利于员工绩效改进	评审结果
	□是　□否	□是　□否	□是　□否	□有价值　□没有价值 □无法确定
	□是　□否	□是　□否	□是　□否	□有价值　□没有价值 □无法确定
	□是　□否	□是　□否	□是　□否	□有价值　□没有价值 □无法确定
	□是　□否	□是　□否	□是　□否	□有价值　□没有价值 □无法确定
	□是　□否	□是　□否	□是　□否	□有价值　□没有价值 □无法确定
	□是　□否	□是　□否	□是　□否	□有价值　□没有价值 □无法确定
	□是　□否	□是　□否	□是　□否	□有价值　□没有价值 □无法确定

判断培训需求是否有价值的核心三要素：

【关键评价 A】是否符合企业发展战略：

企业业务发展战略目标指到哪，企业人才培养方向就朝哪个方向努力。

【关键评价 B】是否有利于团队能力提升：

团队整体能力提升是企业发展的核心动力，一切有利于团队作战，提升团队执行力和战斗力的培训都是有价值的。

【关键评价 C】是否有利于员工绩效改进：

根据员工过往工作表现和绩效考评结果差异分析，找出其与绩效目标的差距或造成绩效短板项的主要原因，对于知识技能等能力不足、缺乏技巧等，都是可以通过有效的和有针对性的培训来解决的。

小贴士

上述需求过滤和评价"三要素"（这是一种方法论）是作者根据实际工作经验提炼出来的，企业可根据实际情况自行完善评价要素，切记不要盲目模仿和照搬。

2.7 培训需求内部评审

《培训需求价值评审表》中显示的有效评估数据是人力资源部组织公司内部评审小组评审的关键基础数据。

培训需求评审的主要目的是明确企业培训需求的合理性和有效性问题。

由企业人力资源部组织的培训需求评审会议流程如图 2-4 所示：

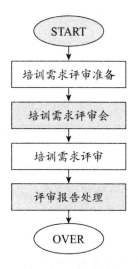

图 2-4 企业培训需求评审流程图

第一步：培训需求评审准备

人力资源部要按照规范的需求评审流程，精心准备好培训需求各项数据（如需求调研表、现场访谈表、培训需求多维度验证表、培训需求价值评审表）、选择好评委（包括评审委员会主席和普通评委）、确定好评审会时间地点等并及时和每个评委沟通。

评审小组构成：企业领导、用人部门领导、相关业务部门领导等。

确定好评审会具体安排，要及时发通知给评委。

第二步：启动培训需求评审会

所有评委要对培训需求做出合理性评估，评委现场填写《培训需求评审表》并给出独立的评审意见。

《培训需求评审表》如表 2-11 所示：

表 2-11 培训需求评审表

评委姓名		所在部门	
评审时间		评审地点	
主要培训需求	明确有价值的培训需求	评审意见	主要意见
		□同意　□不同意	
		□同意　□不同意	
		□同意　□不同意	
		□同意　□不同意	
		□同意　□不同意	
评审意见	评委（签字 / 日期）		

第三步：评审报告处理

需求评审会结束后，人力资源部要汇总每个评委的《培训需求评审表》，形成《培训需求评审报告》，经评审委员会主席确认评审结论。

《培训需求评审报告》如表 2-12 所示：

表 2-12 培训需求评审报告

评委部门		评委会主席	
评审时间		评审地点	
用人部门培训需求	明确有价值的培训需求	支持率	需求评审结论
			□通过　□未通过
			□通过　□未通过
			□通过　□未通过
			□通过　□未通过
			□通过　□未通过
评审结论	其他意见或建议： 评委会主席（签字 / 日期）		

需求评审结论：

- 通过：后续可启动《培训计划》制订，落实评审通过的需求；
- 未通过：无须制订《培训计划》落实。

《培训需求评审报告》经评委会主席签署后正式生效。将评审会确认的培训需求正式纳入《年度培训计划》中，正式启动年度培训计划的实施。

2.8　制定培训需求报告

分析培训需求最终是为了明白"4W2H"：

- Why= 为什么要做培训？
- Who= 给谁做培训？
- When= 什么时候做培训？
- Where= 在哪里培训？
- How= 怎么做培训？
- How much= 培训要投入多少资源才能有效支撑？

在完成了员工培训需求的调查和确认后，就要将培训需求调查分析的结果撰写成正式的书面报告。

企业制定《培训需求调研分析报告》，重点要完成以下内容：

- 需求调研报告抬头信息（起草人、版本信息等）
- 需求评审相关信息（评审日期、地点和评委）
- 需求分析实施的背景介绍
- 开展需求分析的目的
- 概述需求分析实施的方法和流程
- 培训需求分析的结果
- 培训需求分析结果的简要评价
- ……

此外，培训报告的附录部分收录调查时用到的相关图表、原始资料等，目的在于保证收集和分析相关资料和信息时所采用的方法是严谨和科学的。

《培训需求调研分析报告》参考格式如表 2-13 所示:

表 2-13 培训需求调研分析报告

报告起草人			版本号	
报告目标读者				
报告背景				
需求调研目的				
需求评审日期				
需求评审地点				
需求评审评委				
需求评审结论				
需求分析实施的方法和流程				
调研范围	调研方式	调研范围	负责人	实际完成日期
	调查问卷			
	现场访谈			
	管理文档			
	其他方式			
需求分析结果	有效和有价值需求	培训需求紧迫性	拟采取培训方式	备注
培训需求分析结果概要总结评价	工作亮点: 不足之处:			
后续培训计划制订安排	(概要描述即可)			
……	(根据实际需要补充)			
培训需求报告附录	(1)培训需求调查表或访谈提纲、报告等 (2)培训需求多维度验证表 (3)培训需求价值评审表 (4)需求评审相关记录 ……			

> **📇 小贴士**
>
> 报告正式提交之前必须和企业高层领导充分沟通并得到高层的认可。得到高层认可后，可召开企业管理会议，得到中高层的支持。对于中高层不认可的，要及时沟通，必要时再次诊断和验证。

2.9 培训需求如何有效规范管理

培训需求报告是人力资源制订培训计划的关键依据和纲领性文件，人力资源培训报告获得企业中高层认可和支持后，如何落地必须制订切实可行的《培训管理计划》等行动计划来支撑，必须要有人力和物力的保障才能确保成功。

第三章

培训计划制订

——凡事预则立不预则废

- 制订培训计划应该坚持哪些原则？

- 培训计划制订包括哪些主要类型？

- 培训计划制订流程如何有效设计？

- 培训计划实施过程中应如何监控？

本章导读

企业在年度培训准备阶段，其中一项重要任务就是根据培训需求制订有效的培训计划，培训计划是年度各项培训工作的纲领性文件，好的培训计划是培训工作成功的一半。

3.1　培训计划管理原则

原则 1	从企业战略高度指导企业培训计划的制订
原则 2	有效的培训需求是培训计划制订的根本依据
原则 3	企业年度培训计划要和各部门计划相支撑

图 3-1　培训计划管理的三大原则

企业在制订年度培训计划时，必须让更多部门负责人特别是公司高管参与年度培训计划的制订，以获得有效支持。年度培训计划制订时应注意培训活动与企业正常运营活动之间的平衡，年度培训计划制订时应考虑设计不同的学习方式来适应员工的不同需要和个体差异。

为了确保计划的有效性，年度培训计划制订时应以可掌控的资源为依据以保证后期的顺利实施。

3.2　培训计划主要类型

培训需求调查和分析输出的便是培训计划，对于多数企业而言，培训计划主要分为公司级培训计划和业务单元年度培训计划。

（1）公司级培训计划：从公司公共需求以及各业务单元共性需求出发的培训计划，如新员工培训、公司级管理制度培训、外部课程引入、公共管理课程培训（如沟通、团队精神、领导力、执行力等此类通用课程）等，这些涉及全员的培训，由人力资源部统一计划和组织。

（2）业务单元年度培训计划：业务单元年度培训计划也就是公司中心级或部门级别的年度培训计划。这些培训计划是严格针对各业务单位经营和管理特征，依据各业务单元职责、年度工作规划、绩效考核情况等内容编制年度培训计划并分解成月度计划，主要内容以提高本业务单元员工的技能为主，从而提高部门工作效率，以较好地完成业务单元年度各经营目标为核心目标。常见的内部组织的培训，如内部技能轮训等。

3.3 培训计划制订流程

企业在制订年度培训计划的关键步骤如图 3-2 所示：

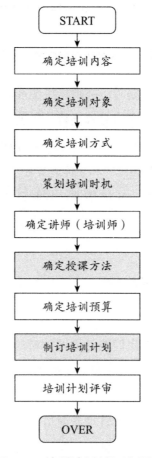

图 3-2 培训计划制订流程图

上一章我们对如何获得有效培训需求做了详细阐述，公司评审通过的培训需求就是有效的，必须严格落实这些培训需求。

关于培训计划制订流程详细说明如下：

1. 确定培训内容

从培训需求提炼出需要培训的内容，这是制订年度培训计划关键的环节。培训需求不等于培训内容，必须要转化为有效的培训内容即"培训课程名称"。

例如，部门希望提高管理效率和执行力，那么究竟要引入什么样的课程来支撑这些需求，就要认真分析培训内容。

2. 确定培训对象

确定培训内容后，分析哪些员工有这样的培训需求？同样的需求是否在类似部门都有类似问题？需要扩大到什么层级？

3. 确定培训方式

企业在制订培训计划时，要注意"内训和外训"两种培训方式的选择问题，在人力资源开发中，究竟选用何种培训方式与方法，需要考虑的因素主要有：

（1）企业人才技能的长处和短板

要充分考虑企业（组织）缺少什么，企业内部培训能解决哪些问题，这样引入外部培训才有针对性。

（2）培训的目标

一般说来，培训目标若为认识或了解一般的知识，那么程序化的教学、多媒体教学、演讲、讨论、案例分析等多种方法均能采用；若培训目标为掌握某种应用技能或特殊技能，则示范、实习、模拟等方法应列为首选。

（3）所需的时间

由于各种培训方法所需要的时间的长短不一样，所以培训方式的选择还受着时间因素的影响。有的训练方式需要较长的准备时间，如多媒体教学、录影带教学；有的培训实施起来则时间较长，如自我学习，这就需要根据企业组织、学习者以及培训教员个人所能投入的时间来选择适当的培训方式。

（4）所需的经费

有的培训方式需要的经费较少，而有的则花费较大。企业要考虑经济承受能力。

（5）学员的数量

学员人数的多少还影响着培训方式的选择，希望整个部门都培训，还是希望个别员工受训，和培训方式相关。

 风险防范小贴士

HR 部门在选择培训方式上，要认真分析企业"内训和外训"培训方式的选择，这样才能做到培训的针对性和实际效果，否则为了培训而培训，往往会流于形式。

4. 策划培训时机

培训时机包括培训时间（计划要到月份）和培训地点选择等信息。

5. 确定讲师（培训师）

企业在制订培训计划时要充分考虑好讲师安排，企业在选择培训师时要重点考虑以下三个方面的问题。

（1）培训师选择标准

培训师要具备丰富的专业知识、良好的沟通能力，外部讲师必须有相关课程授课经验（后续章节会阐述），内部讲师重点在于通过内训提升相关员工的技能。

（2）培训师来源

企业培训师一是来自企业内部（一般是请企业内部的人员兼任培训师），二是从外部采购课程引入外部专业讲师。

（3）培训师管理

无论培训师是来自企业内部还是从外部聘请，培训负责人都应对培训师备课、讲课课件等做好及时的跟踪。

6. 确定授课方法

关于授课（培训）方法，企业可采纳的培训方法有很多种（如表 3-1 所示），都有各自的优缺点，企业应根据培训的内容选择最合适的培训方法。

表 3-1　企业培训常见授课方法

培训方法	方法概述	优　点	缺　点
课堂讲授法	课堂讲授法是最常见的培训方法	讲师能有效控制授课时间和培训进度	学员被动听课，可能造成讲师与学员之间无法及时有效沟通
现场演示	把培训多项任务分拆成若干小任务，帮助学员观察和体会培训课程内容	能够加深学员的第一印象，提高学习效果	演示过多，学员对于课程理论和原理性内容深度不够
现场操作	实际操作时让学员亲自动手，实践所学的知识和技能	加强实际动手能力，更有利于将来岗位工作	理论基础不够深入，会员可能"只知其然而不知其所以然"
互动式提问	讲课过程中讲师随时提问和学员形成有效互动，针对重点问题及时有效沟通	能够反映出学员是否及时掌握所学内容	部分学员掌握课程不代表所有学员都学会和掌握所学知识
多媒体培训	利用现代化多媒体设备，如投影仪及各类视频播放器等进行辅助培训	多媒体视频等方式，课程容易反复学习	学员缺乏监督和互动，培训过程可能消极懒散
小组讨论法	全体学员分组围绕某个主题展开讨论	促进学员的学习和思考，加深学员实际体会，提高学员解决问题的能力	讨论时间过长会影响学习的兴趣和效果
案例研究法	讲师提出具体案例，让学员集中讨论研究	案例和实际工作贴近和零距离，更能引起学员兴趣	案例如果缺乏吸引力（如有的学员曾经学过类似案例）则会让学员不感兴趣
头脑风暴法	培训讲师给出一个论题，鼓励所有学员说出各种可能的解决方案（不限于常规思维）	能鼓励学员抛开既定的思维方式的束缚	课堂气氛有时会比较混乱，必须做好相关控制防止乱发挥
角色扮演法	在讲师部署的一项具体工作任务中扮演某个具体角色	让学员成为活动的具体参与者，发挥学员参与学习积极主动性	需要准备好活动的材料和道具，另外角色扮演活动比较费时

培训方法	方法概述	优　点	缺　点
游戏训练法	属于典型"寓教于乐"	通过培训学员内部游戏，鼓励学员积极参与，可活跃课堂气氛	游戏不能过于复杂，投入成本不能过高
情景模拟	把所有培训成员划分成若干小组，指定一个具体任务，每组承担不同的任务	锻炼学员团队合作意识和集体意识	需要做大量事前准备工作，包括场景设置。这项培训的训练较复杂，比较耗时
拓展培训	近年来，很多企业引入户外拓展培训	有效的拓展可以提高团队协作精神，发扬团队集体作战精神和团队荣誉感，通过拓展可以加深学习印象	拓展培训投入成本高，时间长，户外拓展存在一定危险因素

7. 确定培训预算

无论公司级培训还是各业务单元培训，都需要相关经费支持，特别是企业引入外训更需要制定详细的经费预算明细来支撑培训计划。

培训预算费用是制订培训计划的关键数据，公司只有提供有效的预算才能支撑全年的培训计划有效落地。

8. 制订培训计划

人力资源部根据公司各部门对培训的需求，详细规划培训课程名称、培训对象、培训方式、培训讲师安排和授课方式以及配套的培训经费预算等关键信息，制订公司级或业务单元级的年度培训计划。

关于《年度培训计划》参考范例如表 3-2 所示：

表 3-2　20×× 年度培训计划

制订部门		培训负责人	
计划制订日期			
计划类别	□公司级　□业务单元（名称：_____）		

续表

计划月份	课程名称	培训对象	培训方式	讲师	授课方式	经费预算	备注
关于培训计划补充说明							
培训计划评审	评审日期						
	评审地点						
	主要评委						
	评审结论						
培训计划审批							
		审批人（签字／日期）					

9. 培训计划评审

培训计划评审的主要目的是明确用人部门培训的合理性，此外培训计划评审也是企业严控人力成本的关键手段。

由人力资源部组织的培训计划评审会议流程如图 3-3 所示：

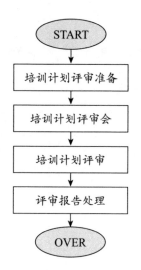

图 3-3　培训计划评审流程图

1. 培训计划评审准备

人力资源部要按照规范的计划评审流程，根据用人部门培训需求、精心选择好评委（包括评审委员会主席和普通评委）、确定好评审会召开的时间和详细地点，同时要及早和每个评委沟通好参会具体安排。

建议评审小组构成：公司领导、用人部门领导和相关业务部门领导等。

确定好评审会具体安排，要及时发通知给评委。

2. 启动培训计划评审会

所有评委要对公司培训计划进行合理性评估，重点分析内容包括：

• 培训内容和需求的一致性；

• 培训方式选择的合理性。

评委现场填写《培训计划评审表》并给出独立的评审意见。

关于《培训计划评审表》如表 3-3 所示：

表 3-3　培训计划评审表

评委姓名		所在部门	
评审时间		评审地点	
计划类别	□公司级　□业务单元（名称：_____）		

续表

	评审要点	评审结论	主要意见
培训计划评审要点	培训内容与需求的一致性	□同意　□不同意	
	培训对象的选择	□同意　□不同意	
	培训方式的选择（内训还是外训）	□同意　□不同意	
	培训时机	□同意　□不同意	
	讲师及授课方法	□同意　□不同意	
	培训预算合理性	□同意　□不同意	
	……	……	
评审总体意见	□评审通过 □部分通过，需要修改内容 □不通过（需要修改后再次组织评审） 评委（签字／日期）		

3. 评审报告处理

计划评审会后，人力资源部要汇总每个评委的《培训计划评审表》，形成《培训计划评审报告》，经评审委员会主席确认评审结论。

关于《培训计划评审报告》如表3-4所示：

表3-4　培训计划评审报告

评委部门		评委会主席		
评审时间		评审地点		
培训计划	计划类别	赞同	否定	评审结论（综合评委平均数）
	公司年度培训计划			□通过　□需要修改后评审
	A部门培训计划			□通过　□需要修改后评审
	B部门培训计划			□通过　□需要修改后评审
	C部门培训计划			□通过　□需要修改后评审
	D部门培训计划			□通过　□需要修改后评审
	……			……

续表

	其他意见或建议：
评审结论	
	评委会主席（签字／日期）

《培训计划评审报告》经评委会主席签署后正式生效。评审会确认的培训需求正式纳入《年度培训计划》中。

 管理经验分享

培训计划评审可在年末组织（制订次年的计划）或者每季度计划变更后及时组织，如果已经对培训计划中关键需求做过评审，那么计划评审可以简单实施。

3.3 培训计划实施监控

公司级或业务单位的《年度培训计划表》应在每个季度特别是年中，根据培训实施及部门培训需求变更情况予以修订，培训计划的修订工作由人力资源部负责组织，报总经理批准生效。

第四章

员工培训组织和实施

——细节体现职业化

- 培训实施主要管理目标都有哪些?

- 培训前期应当进行哪些准备工作?

- 培训实施过程应该如何有效组织?

- 培训后期扫尾工作应该如何管理?

- 培训实施风险如何有效从容应对?

- 培训实施组织都有哪些常见问题?

本章导读

　　企业培训计划通过评审和公司高管审批后，如何按照计划有效地组织和实施好培训，这是体现培训如何做到专业化和职业化的关键。

4.1　培训实施管理目标

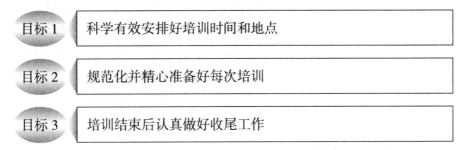

图4-1　培训实施管理的三大目标

4.2　培训前期准备工作

俗话说"兵马未动，粮草先行"，良好的策划等于成功了一半：在培训正式开始前，作为培训组织方要做一些配套准备工作，如确认培训讲师、协调培训时间地点、下发培训通知、审核培训课件、培训设施设备检查调试、打印培训所需表单、培训相关配套资料准备等，作为培训组织方要根据培训重要性和规模等做出权衡。

培训准备流程如图4-2所示：

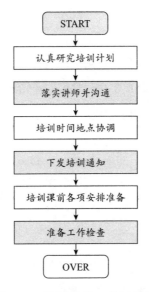

图4-2　培训准备工作流程图

1. 认真研究培训计划

培训实施之前要认真研究公司审批的《培训实施计划》，为了确保培训目标的实现，在实际操作过程中有很多需要事先重点考虑的关键问题。例如：培训课程需要什么样的讲师？培训时间怎样安排才合理？培训实施的难点在哪？

只有研究好培训实施的关键点，事先做好有效的沟通，把关键问题解决掉，才能真正落实组织好具体的培训课程。

2. 落实讲师并沟通

讲师是培训目标实现的保障，此外和讲师充分沟通并落实好具体培训课程，包括课程讲课方式等，以及课程希望达到的目的，这些都要做充分的沟通。讲师只有对课程目标清楚才能精心准备好相关课件素材。

对于外训，还需要事先和讲师（或培训机构）签订好《培训合同》。

3. 培训时间地点协调

确认讲师后，作为培训组织方，要和受训人员所属直接领导沟通好培训时间和地点，特别是外训更要尽早预定外部培训地点（签订合同等涉及培训成本），只有培训时间地点达成一致，方可下发培训通知。

4. 下发培训通知

培训讲师、课程名称以及时间地点确认后，人力资源部就可以正式下发培训通知了。作为职业的培训负责人要注意对培训通知内容完整性和关键点的把控。

关于培训通知参考范例如下：

电子邮件标题：

【培训通知】关于 ×× 月 ×× 日组织 ××× 课程培训的通知

各位同事，大家好：

由人力资源部组织的 ××× 培训计划在 ×× 月 ×× 日到 ×× 日实施，培训地点在 ××××。

【讲师简介】

参加培训注意事项：

（1）培训不要迟到；

（2）课堂上将手机静音；

（3）……

请您按时参加，如有问题请随时沟通。

人力资源部

20××年××月××日

5. 培训课前各项安排准备

企业要制定规范的《培训准备工作分配表》，每次培训前根据规范的清单做好准备。

关于《培训准备工作分配表》，如表 4-1 所示：

表 4-1　培训准备工作分配表

培训课程			讲师类型	□内部　□外部
培训类别	□内训　□外训		培训日期	
培训地点			负责人	
检查人			复核人	
项　目	具体要求	责任人	要求完成日期	检查结果
会议室	内部培训需要预定			□完成　□N/A
投影仪	会议室里安排			□完成　□N/A
音响	会议室里安排			□完成　□N/A
麦克风	会议室里安排			□完成　□N/A
白板笔	会议室里安排			□完成　□N/A
电源插板	会议室里安排			□完成　□N/A
笔记本电脑	讲师自带或备用			□完成　□N/A
鲜花	会议室里安排			□完成　□N/A

续表

水果	（可选）			□完成　□N/A
录音笔	现场讲课录音			□完成　□N/A
白色书写板	（可选）			□完成　□N/A
培训签到表	人力资源部准备			□完成　□N/A
培训调查表	人力资源部准备			□完成　□N/A
考试题	（讲师出题，可选）			□完成　□N/A
培训课件（教材）	打印或事先精装			□完成　□N/A
数码相机	安排专人培训拍照			□完成　□N/A
摄像机	安排专人现场录像			□完成　□N/A
培训合同	外训需要和培训机构签订合同			□完成　□N/A
午宴或晚宴	（外部讲师）			□完成　□N/A
司机接送安排	（外部讲师）			□完成　□N/A
讲师礼品	（外部讲师）			□完成　□N/A
……	……	……	……	……
检查人（签字 / 日期）：		复核人（签字 / 日期）：		

【提示】

（1）凡是完成的项目都打"√"，和培训无关的项目可以在"N/A"上打"√"，如内训无须签订培训合同等。

（2）考虑内容多多益善，作为培训负责人，日常培训尽可能根据公司实际情况把内容列举齐全，防止临时出现准备内容考虑不周的情况。

6. 准备工作检查

有了规范的《培训准备工作分配表》，作为培训负责人就要及时监督检查，在正式培训前做好及时的检查工作，确保各项准备工作就绪。

培训前准备的重要性可以用一句话来概括——"细节决定成败，细节体现专业"：原因在于培训准备工作涉及公司方方面面的安排，既有讲师的沟通安排，也有受训者参加培训的时间地点协调，还要安排好相关会务人员，特别是作为培训负责人要和公司各级领导和部门经理做好沟通，还有为此准备的相关行政管理人员等，需要准备的资料和配套设备也比较多，作为培训负责人考虑问题要周全和细致，确保不错过任何一个可能出现问题的细节。

当然上述流程不是一成不变的，可根据培训规模和重要性做删减，总之，有效的准备是培训工作顺利实施的保障。任何一个环节出现瑕疵都会影响培训的效果。

 小贴士

培训前的沟通环节会耗费很多精力，为了高效做好培训工作，建议如下：（1）正式培训期间和培训准备期间要留有充分的沟通时间，不要安排"突然袭击式"的培训；（2）可以建立一个QQ群或者公司内部培训沟通群，即时沟通提高效率；（3）必须及早与关键的公司领导和部门负责人做好充分沟通，这样培训可得到各级领导的支持。

4.3　培训实施过程组织

正式培训之日，需要做如下工作：

1. 做好培训通知的落实：可以通过短信等方式提醒参加培训的学员按时参加培训；

2. 外部讲师的迎接工作；

3. 每次培训需要学员在《培训签到表》上签字备案（如表4-2所示）：

表4-2　培训签到表

培训课程		培训日期	
培训地点		讲　　师	
姓　　名	员工号	签到时间	签退时间

姓 名	员工号	签到时间	签退时间

【备注】培训签到表可以根据实际需要做完善。

4. 开课前：如果是外部讲师需要隆重介绍给所有学员，内部讲师也要做一下自我介绍。同时宣布课堂纪律（如手机必须调成振动）；

 小贴士

外部讲师最好由公司领导出面介绍，这样可引起大家对培训的高度重视，也体现公司对培训的重视。

5. 培训课堂：做好录像或录音工作（有的外部培训严禁录音录像，要根据协议执行）；

6. 课间休息：要注意提醒学员休息以及返场时间。

上述细节贯穿培训期间，作为培训负责人灵活安排和应对即可。

4.4 培训后期扫尾工作

培训课程结束后，可根据需要安排好现场考试，此外涉及的主要任务，一是培训效果调查，二是培训协议的及时签订。

【任务1】培训效果调查

对于无须考试的，无论外部培训还是内部培训都要有《培训效果调查表》

对所有学员进行培训效果调查。

受训人员填写《培训效果调查表》如表4-3所示；

表4-3 培训效果调查表

受训员工姓名		所在部门	
培训日期		培训时间	
提供培训部门		主讲教师	
培训课程名称			
讲师评价	讲师讲课水平：□优秀 □良好 □一般 □较差 □特别差 课堂活跃气氛：□优秀 □良好 □一般 □较差 □特别差		
课件内容	课程和本职工作关联程度： □有密切关系 □部分有关系 □没有关系只是想了解 课件准备内容：□优秀 □良好 □一般 □较差 □特别差 培训教材（讲课内容条理性和清晰性）： □非常好 □比较好 □一般 □比较差 □特别差，需要改善环节＿＿＿＿＿＿＿＿＿＿ ＿＿＿＿＿＿＿＿＿＿＿＿＿＿＿＿＿＿＿＿		
培训安排	培训时间安排：□满意 □比较满意 □一般 □不满意 培训地点安排：□满意 □比较满意 □一般 □不满意		
培训效果调查 （必须如实填写）	课程内容掌握程度： □完全掌握 □部分掌握，尚未掌握内容：＿＿＿＿＿＿＿＿＿＿ ＿＿＿＿＿＿＿＿＿＿＿＿＿＿＿＿＿＿＿＿ □没有掌握（公司要求必须再次参加培训） 是否希望再次参加培训： □希望公司能给本人再次安排一次这样的培训 □没有掌握内容个人可自学，不需要再次安排培训 □将直接和讲师交流直到学会为止，不需要安排培训		
总体评价	总体评价：□满意 □比较满意 □一般 □不满意 本次满意度评分：＿＿＿＿分（满分100分）		
其他意见 或建议			
学员签名	受训学员（签字）		

【任务2】及时签订培训协议

根据《劳动合同法》第22条第1款规定，用人单位为劳动者提供专项培训费用，对其进行专业技术培训的，可以与该劳动者订立协议，约定服务期。培训协议参考格式如表4-4所示：

表4-4　员工培训协议书

受训员工		身份证号	
课程名称		培训日期	
培训机构			
协议要点	1. 培训费用 • 所有与该项目有关的直接培训费用（包括培训费、教材资料费、证书费等）由甲方全额支付，累计＿＿＿元（大写为人民币＿＿＿＿＿）。 • 受训员工学习时间计入工作时间之内，按连续工龄累计。 • 乙方若培训不合格而未能取得相应的证书，甲方先行支付的培训费之后乙方负责补偿给甲方。 • 若由于乙方原因数次培训未合格者，其间因补考而发生的培训费及相关的考试费资料费，甲方可替乙方先行垫付，后乙方须补偿给甲方。 2. 培训管理 • 受训员工应自觉遵守培训方的各项规定与要求。 • 乙方遵守公司劳动纪律和人事管理等各项规章制度。乙方严重违反公司制度，甲方有权解除本协议并要求乙方赔偿培训费用。 • 乙方遵守甲方制定的培训管理制度，乙方严重违反培训管理制度，甲方有权解除本协议并要求乙方赔偿全部培训费用。 • 培训结束后，乙方应为甲方服务满＿＿＿年（自＿＿＿年＿＿月＿＿日至＿＿＿年＿＿月＿＿日，累计＿＿月），乙方服务不满此年限的，按照未服务月数占应该服务月数的比例来支付。 3. 其他约定 • 本协议一式两份，具有同等法律效力。 • 本协议自签字之日起生效。			
双方确认	企业（盖章）：　　　　　　　　受训员工（签字/日期）：			

小贴士

　　培训协议是留住核心人才的一项举措，从一定意义上来讲，培训也是企业给这些人才的福利，必须要注意的是，违约金的数额不得超过公司提供的培训费用。公司要求劳动者支付的违约金不得超过服务期尚未履行部分所应分摊的培训费用。

4.5　培训实施风险应对

表 4-5　培训实施风险应对表

风险描述	发生概率	主要防范措施
重视外训不重视内训	大	内部培训和外部培训同样非常重要，有些培训不见得"外来的和尚好念经"，要充分挖掘内部培训的潜质，有条件地引入外部培训
缺乏培训需求分析	中	分析公司培训现状，对员工核心需求进行认真分析
培训效果分析不到位	中	认真分析培训效果和学员的切身体验，为今后培训总结积累更丰富的经验

4.6　培训组织常见问题

　　在组织培训过程中，有很多"闹心事"需要认真研究相关对策，本文作者提出最常见的那些问题供大家决策参考。

【问题1】　培训时间选择业余时间还是工作时间？

表 4-6　培训时间选择优缺点

选择方式	优　点	缺　点
工作时间	容易组织	影响正常工作
业余时间	不影响正常工作	不容易组织
一半工作时间一半业余时间	部分影响	部分影响

从表4-6可以看出，企业无论选择工作时间还是业余时间培训都会产生一定影响，在实际选择过程中，建议对急需的培训尽可能选在工作时间进行（如对员工进行集中封闭培训），这样会取得非常好的培训效果。对不急的培训可放在业余时间，但是外部培训机构组织的培训必须按照合同规定时间执行（需要事先和内部员工沟通以取得支持）。

总之，在时间选择问题上，要结合培训重要性、紧迫性等因素进行分析。培训是员工工作的一部分，比较好的做法是一半工作时间一半业余时间（如下班前1小时，下班后占用半小时等），这样不仅可以按时完成培训，也不影响员工正常生活。

如果企业考虑人性化管理：在工作日培训，那么企业则应当按正常出勤来管理，业余时间如果安排重要培训必要时可以给员工倒休，这样员工也会积极参加。

【问题2】 如何调动员工参与培训的积极性？

对企业中的不同员工而言，每个人受训的历史不一样，会造成员工参与培训的积极性有所不同。员工不积极参加培训的原因有很多，如课程没吸引力、培训方式单调、讲师权威性不够、工作特别忙，等等。

如何调动员工参与培训的积极性，可以考虑做好以下几点：

（1）培训课程设计：要针对需求调查结果进行科学分析，避免培训课程"拍脑袋"，只有对员工有吸引力、对他们工作有帮助的培训课程才能引起员工参与的兴趣和热情；

（2）绩效考核牵引：员工年度参加培训次数和年度绩效考核结果挂钩，和任职资格评选挂钩，这样可以激发他们参与培训的动力；

（3）培训课程宣传：要宣传出亮点和特色，以增强员工参与的兴趣；

（4）参加培训奖励的方式：企业人力资源部可以选择新颖价廉但是荣誉感十足的小礼物，偶尔在安排的培训课堂上对参加培训的员工发放，或者采用参加培训可以"抽奖"的方式吸引他们参加；

（5）规范培训管理制度：企业培训管理制度对于参加培训和培训考试等都要有严格的要求和规定，并对参加培训次数不达标有相应的绩效处理措施，参加次数累计前几名有明确的奖励措施；

（6）注意改进培训方式：很多企业培训都采用课堂教学中灌输式的培训方式，一人在上面讲，许多人在下面听，缺乏有效的互动。有效的培训方式有很多（前面都阐述过），企业在培训方式选择上要积极开动脑筋，多组织互动式的培训方式，让学员参与其中，每次参加培训都能带着问题去学习，每次培训都有收获，这样他们就会积极参加。

总之，提高员工参与培训积极性的方法"没有最好，只有更好"，如果企业经常出现类似问题，建议认真全面地做一次问卷调查，之后再"对症下药"研究好对策。

【问题3】 员工如未通过培训考试该如何处理?

企业正式给员工安排专题培训前签订了《培训服务协议》，公司付出的代价不小，如果员工没有通过培训考试，该如何处理比较妥当?

问题分析：根据我国《劳动法》第68条规定："用人单位应当建立职业培训制度，按照国家规定提取和使用职业培训经费，根据本单位实际，有计划地对劳动者进行职业培训。从事技术工种的劳动者，上岗前必须经过培训。"从这个意义上来讲，培训是用人单位应尽的法定义务，同时也是劳动者享有的法定权利。

【典型案例】

周某与某公司签订了《培训服务协议》，就周某参加专业技术培训事宜进行了约定。其中《培训服务协议》中约定"周某在培训结束后要保证能达到具备胜任本职岗位专业技术要求的能力"，此外协议中还约定培训费和交通费采取培训后凭证报销的方式，即在培训结束后，如果周某通过了专业技术考试后公司应报销相关费用。

周某培训结束后公司收到培训方发出的通知，写明周某培训的成绩不合格，公司以此为由不报销周某的培训费，由于培训数额较大，周某感觉非常气愤，于是向当地仲裁机构提请了仲裁，要求公司给予报销。

本案的问题和焦点：企业是否能以劳动者未通过培训机构的考试为由不报销培训费?

问题分析：根据《劳动合同法》倾向于保护劳动者的角度来分析，在企业与周某约定不明确的情况下，一般均是做出有利于周某的解释。因此该公司以周某没有通过培训机构的考试为由不报销周某的培训费，法律依据不足。

从合同效力的角度分析，该公司和周某关于没有通过培训机构的考试就不报销周某的培训费的约定也是无效的。

 风险防范小贴士

员工不管是否通过培训机构的考试，公司都应负担员工培训费，可以采用变换的方式，如可以通过考试结果和绩效挂钩的方法来督促员工通过考试。

【问题4】 签订培训协议时需要注意哪些事项？

培训协议中如规定保证金或违约金，实际法律效力是否有效？

【问题诊断】企业与员工签订培训协议要特别注意以下细节规定：

1. 培训协议应作为双方签订《劳动合同》的附件，如果培训协议的服务期限未到，企业与职工在续签劳动合同时应将培训服务期限与劳动合同期限一致。

2. 企业在与员工签订培训协议时要注意写清培训名称、培训费用（多人参加的集体培训注意要均摊）、培训具体起止时间、培训后的服务期限以及起止时间也要写清楚。

3. 在培训协议中，对于个人原因中途不参加培训的员工要有明确的处罚标准，并且有必要在培训协议中写明。

4. 在培训协议中，明确规定培训后要提交个人培训总结，与企业内部人员分享培训心得等作为参加培训的证明。

5. 在培训协议中对于服务期限要明确约定，特别是在《公司培训管理制度》中参加了多次培训要应用有关数学公式将培训服务期限写明，要注意累加计算问题。

6. 对于违约责任要明确规定，注意培训协议与公司有关具体规定是否有相悖之处及如何处理等。

【典型案例】

孙立国入职后由于业绩表现突出，公司决定送他出国进行技术培训，出国培训前公司与孙立国签订培训协议，培训协议中规定了双方的义务和违约责任。培训协议签订后孙立国出国参加为期 2 个月的培训。回国 3 个月后孙立国被猎头挖走，企业开始追偿培训费用，包括出国差旅费都在内。孙立国认为只需支付培训费用，出国差旅费等费用不应该算在内，企业感觉为孙立国付出的代价较大坚持追偿，孙立国最终向当地仲裁机构提请仲裁。

本案的问题和焦点：为员工提供培训配套费用，如差旅费用是否在企业追偿范围？

《劳动合同法》第 22 条规定，"用人单位为劳动者提供专项培训费用，对其进行专业技术培训的，可以与该劳动者订立协议，约定服务期。劳动者违反服务期约定的，应当按照约定向用人单位支付违约金"，但是技术培训费用是否包括配套费用没有明确规定。

实际人力资源管理实践中，对于脱产培训期间的培训费用、食宿、差旅费用只要是从公司培训经费中予以报销的，都可以认定为培训费用。

企业如果在《培训协议》中明确约定培训期间的培训费用、食宿、差旅费用都属于专项培训费用的，企业就可以追偿，如果事先没有约定的，公司不能在解除合同时另行主张培训费用，只能按照培训福利来处理。

第五章

培训效果评估

——没有评价等于没有结果

- 培训效果评估都有哪些管理目标?

- 培训效果调查分析与评估啥关系?

- 培训现场笔试方式与评估啥关系?

- 培训技能传授方式与评估啥关系?

- 绩效改进分析方式与评估啥关系?

- 经典的柯氏四级评估模式是什么?

本章导读

上一章我们对培训效果调查评估做了概要说明，事实上培训评估是一门非常专业的知识，本章将加以详细阐述，希望读者通过本章学习能对培训评估的认识更近一步。

5.1　效果评估管理目标

目标 1　全面系统掌握各种培训效果分析评估方法

目标 2　认真研究各种方法利弊并做好经济性分析

目标 3　研究学员培训效果为后续的培训提供依据

图 5-1　效果评估管理的三大目标

5.2　培训效果调查分析

培训效果调查后要做培训效果统计分析，形成员工《培训效果调查报告》，该报告要统计调查结果并做分析，如表 5-1 所示：

表 5-1　培训效果调查报告

培训课程		培训日期			
培训地点		讲　师			
参加部门分布情况	累计（　　）个部门（　　）人员参加，参加培训人员分布如下：				
	部门名称	参加人数	占比（％）	缺席人数	
	缺席参加原因分析：				

讲师评价	关于讲师讲课水平：（ ）% 人认为优秀，（ ）% 人认为良好，（ ）% 人认为一般，（ ）% 人认为较差，（ ）% 人认为特别差 课堂活跃气氛：（ ）% 人认为优秀，（ ）% 人认为良好，（ ）% 人认为一般，（ ）% 人认为较差，（ ）% 人认为特别差
课件内容	关于课程和本职工作关联程度：（ ）% 人认为有密切关系，（ ）% 人认为部分有关系，（ ）% 人认为没有关系只是想了解 课件准备内容：（ ）% 人认为优秀，（ ）% 人认为良好，（ ）% 人认为一般，（ ）% 人认为较差，（ ）% 人认为特别差 培训教材：（ ）% 人认为非常好，（ ）% 人认为比较好，（ ）% 人认为一般，（ ）% 人认为比较差，需要改善环节总结如下： （1）_____ （2）_____ （3）_____
培训安排	培训时间安排：（ ）% 人满意，（ ）% 人比较满意，（ ）% 人认为一般，（ ）% 人不满意 培训地点安排：（ ）% 人满意，（ ）% 人比较满意，（ ）% 人认为一般，（ ）% 人不满意
培训效果调查	（ ）% 人完全掌握，（ ）% 人部分掌握，（ ）% 人没掌握需要再次培训，（ ）% 人希望再次培训
总体评价	对本次培训总体评价：（ ）% 人满意，（ ）% 人比较满意，（ ）% 人认为一般，（ ）% 人不满意 综合评分：本次培训平均分（ ）分
培训总结	本次培训的亮点： （1）_____ （2）_____ （3）_____ 本次培训暴露的突出问题： （1）_____ （2）_____ （3）_____ 需要吸取的经验教训： （1）_____ （2）_____ （3）_____
总结审批	批示意见： 人力资源总监（签字/日期）

没有总结就没有提高，培训总结报告是 ISO9000 中 PDCA（计划→实施→检查→改进）环节中的重要环节，必须认真分析，举一反三，以便于后续培训工作做得更好。

5.3　培训现场笔试方式

笔试法就是现场对培训进行考试，通过考试成绩分析学员参加培训的效果。

笔试法又分为开卷考试和闭卷考试两种方式，对于特别重要的需要强化记忆的内容可采用闭卷考试，对于需要加深印象的可组织开卷考试以评估培训效果。

通过笔试法进行评估，需要事先和培训师研究好考题并且注意不能随意泄露，这种方法的好处是可以有效检验学员是否认真听讲，特别是对于听课内容是否足够理解，缺点是容易引起学员焦虑。

为了鼓励学员认真听讲，可以事先宣布考试成绩排在前 N 名的学员给予《优秀学员》证书，由培训师亲自发放以增强荣誉感。

企业管理制度培训可以采用这种方法，检验受训人员是否真正掌握公司管理制度，此外对于外训的专业课（如技能类）也可以采用类似方法。

员工培训试卷如表 5-2 所示：

表 5-2　员工培训试卷

培训课程			
受训员工姓名		员工号	
培训时间		培训地点	
评卷人		得分	
单选题	总共 ×× 题，每题 ×× 分 1. 2. 3. 4. 5. ……		

续表

多选题	总共 ×× 题，每题 ×× 分 1. 2. 3. 4. 5. ……
论述题	总共 ×× 题，每题 ×× 分 1. 2. 3. 4. 5. ……

考试结束后，培训负责人要认真分析考试成绩分布，形成培训考试分析报告，如表 5-3 所示：

表 5-3　培训考试分析报告

培训课程		培训日期		
培训地点		**讲　师**		
参加考试人员分布情况	累计（　　）个部门（　　）人员参加考试			
	部门名称	**参加人数**	**占比（%）**	**缺席人数**
考试成绩分析	（　　）% 人成绩在 90 分以上，获得"优秀学员荣誉" （　　）% 人成绩在 80—89 分之间 （　　）% 人成绩在 70—79 分之间 （　　）% 人成绩在 60—69 分之间 （　　）% 人成绩在 59 分以下			

续表

考试成绩调查	（　　　）%人完全掌握培训课程，（　　　）%人部分掌握，（　　　）%人没掌握需要再次培训
通过考试总结的关键问题	（1） （2） （3） （4） （5） ……

5.4 培训技能传授方式

技能传授法是一种非常好的培训效果后续跟踪方式。

对于技能培训之后，受训学员即"第一受训人"要通过"传帮带"传授所学技能，这种情况下受训人员要对下属人员进行相关培训，由讲师（或培训负责人）对被传授人员做培训满意度调查方式、考试方式进行调查，以此考察"第一受训人"的实际学习效果。

这种方法的好处是公司范围内"知识共享"，可以有效降低公司培训成本，缺点在于知识传递过程中的"递减效应"，所以如果有条件，可以由讲师亲自检验二次受训群体的学习效果。

 小贴士

公司对参加外部培训的学员，可要求回到公司后必须做"知识分享式"的二次培训，这样可提高组织学习能力。这项要求在公司培训制度中要加以明确规范。

5.5 绩效改进分析方式

企业所做的一切培训（无论技能类还是管理类，新员工培训除外），核心目的是提升员工素质能力，最终目标是提升绩效，所以企业组织各种培训，能否有效提升员工绩效考核效果，这是一个非常值得研究的课题。

绩效分析对比，可以跟踪专业技术培训后 1 年内，每个季度（月度）绩效考核成绩的分布情况和结果，通过考核数据项进行有效分析，如表 5-4 所示：

表 5-4　受训员工绩效分析报告

培训课程					
绩效观察范围					
观察时间范围	计划跟踪（　　　）月				
受训员工姓名	第 1 月	第 2 月	第 3 月	第 4 月	……
观察结论	□培训课程有效 □培训课程比较有效 □培训课程无效，主要原因在于				

上述绩效改进观察适合技能类，可能不太适合态度类的培训，因为人的工作态度不是几次培训就能改进的，态度受到影响的因素非常多，无法区分是否受到培训的影响。换句话讲，试图通过一次培训就能改变员工的职业态度，这是非常不现实的。

另外，员工绩效受到技能提升的影响很大，所以上述绩效观察方法的前提是，企业给员工所做的培训和员工岗位工作相关，如果无关的培训则无法观察也无须观察。

5.6　柯氏四级评估模式

学过人力资源管理师（二级）的人都知道，目前比较经典且应用最广泛的培训效果评估理论和工具就是柯氏的四级评估模式（简称 4R 模式）。

这个培训评估模式是美国培训专家柯克帕特里克于 1959 年提出来的。柯氏四级评估模型是目前企业深入分析培训效果应用最为广泛的培训效果评估模型，这种模型主要特点是简单、全面，此外有很强的系统性和可操作性。

柯氏的四级评估模式如图 5-2 所示：

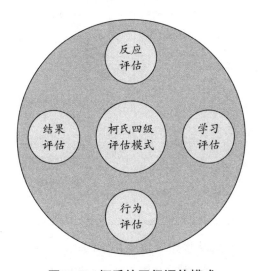

图 5-2　柯氏的四级评估模式

柯氏的四级评估模式各级评估方式如表 5-5 所示：

表 5-5　柯氏四级评估模式各级评估方式

评估层次	典型评估方法	评估时间	评估部门	主要优点	主要缺点
反应评估	调查问卷法、现场访谈法、电话调查、座谈研讨法等	培训结束后	人力资源部	调查方式简单易行	问卷填写过程主观性较强，容易以偏概全或者无法真实反映实际培训效果

评估层次	典型评估方法	评估时间	评估部门	主要优点	主要缺点
学习评估	演讲法、提问法、笔试法、角色扮演、培训总结报告等	培训进行时或者培训结束后	人力资源部	给学员一定压力使之变成学习动力	关键在于测试方法的可信度和测试难度设计是否合适，能否真实反映培训最终实际效果
行为评估	调查问卷、行为观察法、绩效评估法、360度评估、能力鉴定法	培训结束3个月或半年后（观察期不超过1年）	学员直接上级主管	可直接反映培训的效果	实施有很大难度，要投入很多时间和精力进行分析，此外行为受到很多因素干扰
结果评估	生产率是否提升、员工离职率、客户市场调查、成本效益分析、满意度调查、个人团队与企业绩效指标是否显著提升等	培训后1年内	人力资源部	可以消除企业高层对培训投资效果的疑虑，以实际数据验证培训效果	耗时长、投入精力大。此外由于目前评估手段不完善，简单的数字对比无法区分出哪些结果与培训有关联（干扰因素多无法剔除）

柯氏的四级评估模式从理论上讲是科学的，缺点在于实践过程中由于培训评估手段不完善，简单的数字对比无法区分出哪些结果与培训有关联，所以必须对上述方式作简单化处理，以便于实际实施。

简化后的实施方式如表5-6所示：

表5-6 简化实施方式

评估层次	重点评估内容	实施部门	实施手段	关键分析数据
反应评估	评估受训者的满意程度	人力资源部	《培训效果调查表》	形成《培训效果分析报告》
	座谈研讨法	人力资源部	座谈受训后的心得和体会	记录《会议纪要》并形成结论

续表

评估层次	重点评估内容	实施部门	实施手段	关键分析数据
学习评估	笔试法	人力资源部	培训现场考试	对考试成绩做出科学有效的分析
	演讲法	人力资源部	受训人员培训后现场演讲	组织好受训群体"二次培训"满意度分析
	培训总结报告	人力资源部	培训后要求写总结报告	通过总结分析实际是否达到培训效果
行为评估	调查问卷	人力资源部	对受训人员直接上级管理部门做访谈	调查培训后受训人员各方面的改变
	行为观察法	人力资源部	对受训人员直接上级管理部门做访谈	调查培训后受训人员行为的改变
	绩效评估法	人力资源部	培训后1年内绩效成绩分析	覆盖所有受训人员，形成绩效分析对比报告
	能力鉴定法	受训人员直接上级部门	调查培训后3—6月	能力是否有效提升
结果评估	生产率	人力资源部	通过财务数据做分析	受训部门生产率是否提升，生产率指标改变
	成本效益分析	人力资源部	通过财务数据做分析	人均产值是否提升
	满意度调查	人力资源部	通过员工满意度调查做分析	员工满意度调查表
	团队绩效	人力资源部	通过绩效考核数据做分析	绩效提升对比
	企业绩效	人力资源部	通过绩效考核数据做分析	绩效提升对比

　　需要特别提出的一点是，企业培训成果评估即衡量培训带来的经济效益，这个指标看起来理想，但实际操作是很难的，原因在于团队绩效、企业绩效以及企业经济效益受到的影响因素很多。培训是支撑企业提升绩效的有效手段，但绝不是唯一有效的手段。

　　关于企业绩效影响要素，如图5-3所示：

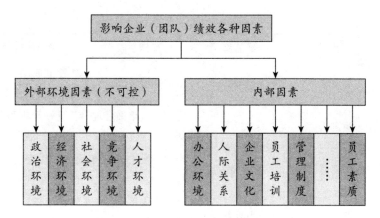

图 5-3 企业绩效影响要素示意图

事实上，企业要想全面做好培训评估是非常耗时耗力的，从经济性和现实角度来说，以上的四级评估无须都做，但是对于一些简单的单项培训项目，我们一般只会做到第 1—2 层评估，只有在系列化的专项培训时，企业有必要关注"行为或结果层面"的转化情况，但是实施过程中由于耗时长、投入精力大以及评估手段不完善等原因，特别是分析出的数据无法区分出哪些结果是与培训有关联（干扰因素多无法剔除），所以对这两个层面的评估要有针对性地实施。

第六章

培训工作总结

——没有总结就没有进步

- 培训总结管理都应该有哪些目标?

- 培训文档如何规范化分类和归档?

- 培训后续工作如何有效总结归纳?

- 培训工作方法改进都有哪些方式?

- 培训后续风险防范需要涉及哪些?

本章导读

　　从培训计划到培训实施，一直到培训效果评估，到了评估阶段看起来培训任务已经完成，事实上尚未形成 PDCA 有效循环（P=Plan= 计划；D=Do= 执行；C=Check= 检查；A=Action= 行动，PDCA 最早由美国质量管理专家戴明提出来，因此又被称为"戴明环"），有效的总结是持续提高培训管理水平的必要步骤。

6.1 培训总结管理目标

目标 1　按照规范做好培训文档归档管理

目标 2　重要培训及时做好培训工作总结

目标 3　根据培训反映问题做好过程改进

图 6-1　培训总结管理的三大目标

6.2 培训文档分类归档

人力资源部负责员工培训档案的建立，填写《公司培训记录》和《员工培训记录》，包括培训的内容、时间、效果和考核成绩以及培训费用和获得证书的情况等。

培训文档归档看起来简单，实际上有效的管理必须遵循 ISO9000 文件和记录管理流程进行管理，实施过 ISO9000 体系的企业，请认真研究《文件控制程序》《记录控制程序》，确保文件记录管理有序。

- 记录编号：所有培训文档都要做好记录编号；
- 文件登记：所有文件所放文件夹（档案夹）都要做好记录，同时在电子版文件流水记录中做好登记，以便后续检索。

小贴士

培训档案是分析员工岗位胜任力的重要参考信息，员工接受过哪些培训，个人素质和技能有哪些短板，也是人力资源部未来制订培训和人才培养计划的基础数据。

人力资源部要建立文件夹或文件筐对上述档案进行集中管理。

6.3 培训工作如何总结

人力资源部培训负责人负责对本次的培训效果进行总结分析，填写《培训工作总结》（见表 6-1 所示），重点根据培训计划、培训实施过程以及培训效果评估等做一次总结。

总结的目的是后续提高管理水平。

表 6-1　培训工作总结

培训承办部门		培训组织部门	
课程名称		受训人员姓名	
课程日期		培训师	
调查项目	调查项目	调查结果分析	
	课程内容是否满足培训需求		
	讲师水平（专业知识和技巧）		
	教材内容针对性		
	学员参与的程度		
	培训组织情况（场地和餐饮等）		
	……		
培训收获			
培训不足之处			

需要说明的一点是，不是每次培训都需要写总结，对于公司关键的培训建议每次写总结，这些总结要和纠正措施和预防措施（即下节的培训方法改进）结合起来，只有这样才能体现管理价值。

6.4 培训工作方法改进

人力资源部培训负责人将《培训工作总结》提交人力资源主管领导（如人力资源总监）审核，人力资源负责人要根据本次培训暴露出的问题加以纠正，同时针对将来可能出现的问题提出过程改进建议。

培训工作总结和提高的关键来源主要包括：

- 培训需求调研结果；
- 培训计划实施偏差；
- 培训课程内容分析；
- 讲师选择效果分析；
- 培训效果评估分析；
- 员工满意度的数据；
- 各级领导反馈意见；
- 培训工作总结。

上述各方面发现的管理缺陷，最终要通过《过程改进实施跟踪表》来落实（见表6-2所示），确保培训管理的执行完善。

表 6-2　过程改进实施跟踪表

提出部门		提出人	
提出日期		主责部门	
主要问题 总结			
过程改进 建议			

续表

对应制度流程 层面完善意见	
对应实施方法 改进意见	
实际实施结果 跟踪	□已经落实过程改进相关举措 □部分落实，尚未落实环节： <div align="center">过程改进实施跟踪人（签字／日期）</div>

6.5 培训后续风险防范

培训项目完成以后，需要预防后续可能存在的各种风险，企业遇到的最常见的风险和最苦恼的问题，一是培训协议签署可能带来的管理风险，二是受训后员工的跳槽问题。

【风险应对 -1】如何应对培训协议签署的风险

关于培训协议签署必须明确以下几个关键问题：

（1）企业必须明确培训服务协议的范围

根据《劳动合同法》第 22 条第 1 款规定："用人单位为劳动者提供专项培训费用，对其进行专业技术培训的，可以与该劳动者订立协议，约定服务期。"

由企业直接出资的专项培训（包括技术或职业技能培训），并有支付费用相关凭证的才能跟员工签订培训服务期协议，对于企业提供的其他形式的培训，如新员工入职培训、岗前培训、轮岗调岗培训等则不能签协议约定服务期。

（2）如何规避培训协议实施的风险

• 试用期员工：

根据《劳动合同法》规定，试用期内用人单位不得要求劳动者支付培训费用，所以企业在员工试用期提供专项付费培训要慎重处理。

【管理技巧】如果员工在试用期内确实需要企业出资对其进行专业培训，应先协商变更试用期的期限，通过缩短试用期或提前转正的方式，待试用期员工通过考核转正后再与其签订服务期协议。

• 正式员工：

为了降低培训风险，正式员工安排专业培训要充分考虑员工对企业的忠诚度，选择忠诚度高的员工进行培训。

需要说明的一点是，目前《劳动法》和《劳动合同法》没有规定签订培训协议后的服务期限，这个服务期限由企业和员工共同约定。

【管理技巧】

（1）企业与员工约定服务期限如果长于劳动合同期限，在将来续签合同的时候企业会占据主动权。

（2）企业必须提供充分的原始出资证明才能证明用人单位对员工进行过出资培训，培训费用包括学杂费、培训费、差旅费等，企业保留为员工报销培训费用支出的有效证明。

（3）在签订具体培训协议中，各项费用凭证等有关培训的内容要填写明确，越详细将来纠纷隐患越少。

【风险应对 -2】培训后员工"要挟企业"该如何处理？

有的企业给员工提供培训后，个别员工会向企业提出各种要求，如要求提高待遇、要求职位晋升等，如果公司不答应，他们会主动跳槽或者被竞争对手挖走，类似让企业管理者头疼的事情并不少见，作为企业管理者该如何防范和处理？

作为企业要积极面对这种问题，出现这种问题只能从解决问题角度和风险预防角度来考虑：

（1）问题解决层次

- 如果员工通过培训能力大幅提升，企业通过建立规范的任职资格管理体系，从企业任职资格角度要考虑重新认证，认证通过后按照新的薪酬职级执行，这是很多著名企业鼓励员工积极上进的一项举措，而不应该成为公司的经济负担；

- 对于经济实力有限的中小公司，培训对企业同样是投资不是福利，员工薪酬体系要建立和绩效挂钩的动态薪酬体系，鼓励员工通过业绩实现"多劳多得"。

（2）风险防范层次

- 企业在出资安排专项培训时，要优先考虑对企业忠诚度高的员工，尽可能回避经常抱怨公司、不求上进的员工；

- 对公司关键的、有价值的培训，要同时安排 AB 角人员（互为知识备份），防止受训员工要挟公司；

- 企业安排员工培训后，要及时做好知识传递（二次培训），将受训员工学到的知识及时分享给团队；

- 为了防范受训员工跳槽，要及时和受训员工签订详细的《培训协议》。

02

第二部分

快速提升篇

本部分内容重点介绍专项培训如何组织、培训经费预算管理、岗位培训体系设计、脱岗培训与外派培训等。

这部分内容是培训主管、人力主管、培训经理、人事经理以及部门经理必须精通的业务，也是各级培训管理拓宽培训视野的核心技能。

第七章

专项培训组织

——目标不同模式不同

- 如何组织新员工的入职培训?

- 如何组织员工转岗方面培训?

- 绩效改进如何培训才更有效?

- 如何有效实施开展拓展培训?

- 如何有效实施开展沙盘模拟?

本章导读

企业专项培训常见模式很多，如新员工入职培训、转岗培训、绩效改进培训、拓展培训以及沙盘模拟等。这些培训由于采用特殊模式，在实施培训时要关注其实施的特殊性。

7.1 新员工入职培训

企业新员工入职培训是最常见的培训，新员工入职培训的核心是让新入职员工尽快熟悉企业环境，尽快掌握企业各项规章制度，同时尽快掌握岗位工作技能、考核要求等，为新员工尽快融入新的集体创造良好的环境。

新员工培训要实现以下目标：

- 通过企业介绍鼓舞新员工对企业的信心；
- 让新员工充分了解企业各项规章制度；
- 让新员工了解企业发展历史、企业核心价值观和企业文化；
- 减少新员工初进公司时的紧张情绪，使其更快适应环境；
- 让新员工能尽快找到归属感；
- 通过新员工和各级领导介绍能让新员工找到集体的感觉；
- 告知新员工入职遇到困难的解决方法。

新员工入职培训，作为人力资源部培训负责人，要规范培训计划、培训内容，常见参考培训格式如表7-1所示：

表7-1 新员工入职培训计划表

培训日期		
培训地点		
第一部分：企业级培训		
序　号	培训项目	培训负责人
1	欢迎新员工，致欢迎词	公司领导
2	培训会之前，可以事先安排播放企业宣传片视频，给员工一个相对感性认知的介绍	培训主管
3	企业介绍（包括公司基本情况、发展历史、企业文化、企业未来经营战略、企业组织架构、各个部门介绍、企业领导介绍等）	人力资源总监

续表

序　号	培训项目	培训负责人
4	企业人力资源管理制度介绍（如考勤休假、绩效考核、薪酬、企业福利、劳动纪律、员工周报管理、入职和离职管理规定等）	人力资源总监
5	企业财务管理制度介绍（如财务报销、主要财务管理规定等）	财务部负责人
6	行政管理制度介绍（如办公室礼仪、办公室环境、网络管理等）	行政部负责人
7	学习《员工手册》的内容（可选）	培训主管
8	消防等安全知识普及	培训主管
9	答疑（如新员工在企业入职遇到问题时如何解决）	培训主管
10	……	……
第二部分：部门级培训		
1	部门经理介绍本部门成员给新员工认识	各级部门经理
2	员工所在部门经理分别进行岗位培训	各级部门经理
3	新员工试用期考核的培训	各级部门经理

上述培训是很多中小企业最常见的入职培训安排。此外为了活跃培训气氛，可以在正式培训前增加"破冰游戏"等。

小贴士

"破冰"之意，是打破人际交往间怀疑、猜忌和疏远的藩篱，就像打破严冬厚厚的冰层。"破冰"游戏帮助受训者放松并变得乐于交往和相互学习。常见方式如"互相自我介绍"等。"破冰"游戏一般都作为培训开始的必要环节，因为"破冰"游戏可以使受训者更快地融入培训，更好地达到培训目的。

新员工培训计划制订完成，要通过电子邮件发给新员工参加培训。

电子邮件参考格式如下：

新员工入职培训须知

各位新员工，大家好：

首先代表公司领导热诚欢迎您加入××大家庭，为了让您尽快熟悉公司，欢迎您参加公司组织的入职培训课程，关于课程培训计划如下：

（可以附上《新员工入职培训计划表》作为附件）

关于新员工入职培训要求如下：

1. 本次培训没有特殊原因不得请假；

2. 培训期间严禁吸烟；

3. 培训期间请将手机置于振动状态；

4. 按时参加培训，不迟到不早退；

5. 认真做好培训笔记。

6. （请补充）

特此通知！

人力资源部

年　　月　　日

培训通知发出以后，要通过其他方式跟踪，确保新员工收到培训通知（如邮件设置已读回执等）。

新员工培训需要正式签到（保留受训的记录），表格样式如表7-2所示：

表7-2　新员工培训签到表

培训日期		培训地点	
姓　　名	员工号	签到时间	签退时间

姓　　名	员工号	签到时间	签退时间

新员工完成培训后要及时做好调查工作，如表 7-3 所示：

表 7-3　新员工入职培训调查表

新员工姓名		所在部门	
入职培训日期		培训时间	
培训地点			
讲师评价	讲师讲课水平：□优秀　　□良好　　□一般　　□较差　　□特别差 课堂活跃气氛：□优秀　　□良好　　□一般　　□较差　　□特别差		
培训内容	课程和本职工作关联程度： □有密切关系　　□部分有关系　　□没有关系只是想了解 课件准备内容：□优秀　　□良好　　□一般　　□较差　　□特别差 培训教材（讲课内容条理性和清晰性）： □非常好　　□比较好　　□一般　　□比较差 □特别差，需要改善环节 ＿＿＿＿＿＿＿＿＿＿＿＿＿＿＿＿＿ ＿＿＿＿＿＿＿＿＿＿＿＿＿＿＿＿＿＿＿＿＿＿＿＿＿＿＿		
培训安排	培训时间安排：□满意　　□比较满意　　□一般　　□不满意 培训地点安排：□满意　　□比较满意　　□一般　　□不满意		

培训效果调查（必须如实填写）	入职培训内容掌握程度 □完全掌握 □部分掌握，尚未掌握内容：＿＿＿＿＿＿＿＿＿ ＿＿＿＿＿＿＿＿＿＿＿＿＿＿＿＿＿＿＿＿＿ ＿＿＿＿＿＿＿＿＿＿＿＿＿＿＿＿＿＿＿＿＿ □没有掌握（公司要求必须再次参加培训） 是否希望再次参加培训： □希望公司能给本人再次安排一次这样的培训 □没有掌握的内容个人可自学，不需要再次安排培训 □将直接和讲师交流直到学会为止，不需要安排培训
总体评价	总体评价：□满意　□比较满意　□一般　□不满意 本次满意度评分：＿＿＿＿分（满分100分）
其他意见或建议	
学员签名	新员工（签字）

关于新员工入职培训的其他建议：

1.新员工入职可以安排管理制度考试（开卷方式即可），主要目的是检验学习效果，另外可以增加印象。

2.为了切实实现新员工尽快融入企业的效果，还可以采纳"新老员工座谈会"等方式，尽快拉近新老员工的距离。

3.对新员工培训效果要做总结和评估，形成《新员工培训效果总结报告》，如表7-4所示。

表7-4　新员工培训效果总结报告

培训日期		培训地点	
主要讲师	讲　师		
参加部门分布情况	累计（　　　）个部门（　　　）名新员工参加，参加培训人员分布如下：		

续表

	部门名称	参加人数	占比（%）	缺席人数
	缺席参加原因分析：			
讲师评价	关于讲师讲课水平：（ ）% 人认为优秀，（ ）% 人认为良好，（ ）% 人认为一般，（ ）% 人认为较差，（ ）% 人认为特别差 课堂活跃气氛：（ ）% 人认为优秀，（ ）% 人认为良好，（ ）% 人认为一般，（ ）% 人认为较差，（ ）% 人认为特别差			
课件内容	关于课程和本职工作关联程度：（ ）% 人认为有密切关系，（ ）% 人认为部分有关系，（ ）% 人认为没有关系只是想了解 课件准备内容：（ ）% 人认为优秀，（ ）% 人认为良好，（ ）% 人认为一般，（ ）% 人认为较差，（ ）% 人认为特别差 培训教材：（ ）% 人认为非常好，（ ）% 人认为比较好，（ ）% 人认为一般，（ ）% 人认为比较差 需要改善环节总结如下： （1）_____ （2）_____ （3）_____			
培训安排	培训时间安排：（ ）% 人满意，（ ）% 人比较满意，（ ）% 人认为一般，（ ）% 人不满意 培训地点安排：（ ）% 人满意，（ ）% 人比较满意，（ ）% 人认为一般，（ ）% 人不满意			
培训效果调查	（ ）% 人完全掌握，（ ）% 人部分掌握，（ ）% 人没掌握需要再次培训，（ ）% 人希望再次培训			
总体评价	对本次培训总体评价：（ ）% 人满意，（ ）% 人比较满意，（ ）% 人认为一般，（ ）% 人不满意 综合评分：本次培训平均分（ ）分			

续表

培训总结	本次新员工培训亮点： （1）_____ （2）_____ （3）_____ 本次新员工培训暴露的突出问题： （1）_____ （2）_____ （3）_____ 新员工培训需要吸取的经验教训： （1）_____ （2）_____ （3）_____
总结审批	批示意见： 人力资源总监（签字／日期）

通过上述评估报告对问题的分析，及时总结存在的不足，循序渐进加以改进，不断提高新员工融入企业的效果。

7.2　转岗培训

转岗培训是企业最容易忽略的一种培训。转岗培训主要针对转岗人员，在转岗考察期内（一般2—3个月为宜），企业针对转岗人员安排的专项培训，主要目的是提升转岗人员技能，使其快速适应新的岗位。

关于企业转岗人员主要来源，一是绩效考核结果连续几个季度不合格（常见至少2个季度），二是企业经营战略转型。前者数量比较少，可以通过导师制来实现"传帮带"，而后者可能数量比较多，则必须安排集中的转岗培训。

企业在实施转岗培训时，要特别注意以下几点：

1.转岗培训要制订严谨的培训计划：针对不同类型人员提出有针对性的岗位技能培训。

2.转岗培训同样要通过《培训效果调查表》进行实际学习培训效果调查。

3.转岗培训要有严格的岗位考核标准，必要时要安排专门考试来检验培训学习效果，对考试不合格的可以采取以下方式处理：

- 继续转岗培训：直到培训考试通过，但是企业要规定培训期间薪酬待遇发放标准；
- 再次转其他岗位：对于岗位考核不合格的可以继续调岗、继续培训；
- 人员优化（解聘）：培训考核结果不合格可以直接优化（需要支付补偿金）。

➡ **法条链接**：《劳动合同法》第 40 条规定：有下列情形之一的，用人单位提前三十日以书面形式通知劳动者本人或者额外支付劳动者一个月工资后，可以解除劳动合同：……（二）劳动者不能胜任工作，经过培训或者调整工作岗位，仍不能胜任工作的……

7.3 绩效改进培训

绩效改进培训主要是针对绩效考核结果进行数据分析，提炼出需要加强绩效改进的人员名单，通过规范的绩效提升培训，最终实现绩效改进和提升的目的。

绩效改进实施计划参考如表 7-5 所示：

表 7-5 绩效改进培训实施计划

绩效改进计划 考核数据依据			
实施部门		培训负责人	
培训日期		培训地点	
参加培训人员			
绩效提升关键 培训项目	绩效改进要点	主要培训项目	培训讲师

续表

绩效改进结果 检验标准	检查时机：		
	验证标准：		
审批	绩效改进责任部门负责人（签字／日期）		

需要说明的是，绩效改进培训同样需要做《培训效果调查表》，在后续绩效考核时，要做好绩效是否改进的效果分析。

7.4 拓展培训

拓展训练原意是"一艘小船驶离平静的港湾，义无反顾地投向前途未知的旅程，去迎接一次次更大的挑战"。

拓展培训的本质是体验式培训，最常见的是户外体验式心理训练，通过拓展培训让参加培训的员工在户外环境下，通过参与拓展公司设计的一系列拓展活动，从而实现加深自我反省、强化自我激励、实现自我突破和升华的目的。

【小故事】

拓展培训起源于第二次世界大战期间的英国，当时英国的大西洋商务船队因屡遭德国人袭击导致许多缺乏经验的年轻海员葬身海底，英国海军多次蒙受重创。

针对这种情况英国军方建立了一些水上训练学校（即原始的拓展项目），这种项目除了训练海军体能外，还通过设计一些针对性特别强的训练科目，对海军海上求生能力、野外生存能力、作战意志及团队合作能力进行训练。这些训练中最著名的就是德国人库尔特·汉恩和英国人劳伦斯·霍尔特建立的"阿伯德威海上训练学校"，这就是拓展训练的雏形。

第二次世界大战结束后，很多人认为这种训练方式在和平年代仍然可以保留，于是很多拓展训练的独特创意和训练方式逐渐被推广开来，训练对象也由最初的海员扩大到军队其他兵种、在校学生、公司职员、政府公务人员等各种类型群体，训练目标也由单纯的体能训练、生存训练扩展到心理训练、人格训练和其他管理训练等。

拓展训练于 20 世纪 90 年代中期进入中国，目前市面上有很多专业拓展公司帮助企业实施拓展培训（感兴趣的读者可以通过网络搜索引擎搜索"拓展培训"）。一般而言，与其他类型培训相比通过拓展培训可以实现以下目的：

1. 增强团队凝聚力，发扬团队精神；

2. 提升团队战斗力。

拓展训练可采用多种多样的方式，如场地训练、野外训练、水上训练、空中训练等形式，每一种形式还可细分成很多种类的具体小项目。

常见的训练方式举例如下：

● 场地训练：如破冰、信任背摔、电网、合力蓄水等；

● 野外训练：如断桥、徒步拉练、攀岩、高空单杠、天梯、求生墙、速降、滑雪等；

● 水上训练：如漂流、潜水、冲浪等；

● 空中训练：如空中跳伞等；

● ……

（提示：拓展培训内容非常丰富，上述活动具体内容可以通过网络进行搜索。）

下面作者结合曾经参加过的户外拓展培训项目，简要介绍两个常见的拓展项目"空中断桥"和"天梯"以飨读者。

（作者曾经参加户外拓展项目"空中断桥"，跨越断桥的精彩瞬间。）

【项目简介】空中断桥项目

在颤颤巍巍的空中断桥板上，迈出的每一步不仅需要决心，更需要勇气和智慧。

断桥是对个人自信心、勇气的挑战，也是激励个人挑战意识的拓展项目。

【项目类型】

个人挑战性项目，惊险与刺激并存，挑战自我，挑战毅力极限。

【活动目的】

1. 挑战个人心理极限，培养个人自信心；

2. 充分激发个人潜能，培养良好心理素质；

3. 培养学员间的协作和互相激励意识；

4. 学会冷静地思考，排除干扰毅然决策。

【活动程序】

1. 活动之前，小组要认真讨论面对困难和挑战时的心理调整过程；

2. 学员穿保护衣并系好安全绳（安全是活动的底线）；

3. 学员爬上断桥平台，跨过一米左右的断桥，快速踏上固定的平台。

【事后讨论】

1. 当你在下面观看的时候，你觉得在断桥上能跨过一米的距离吗？

2. 当你攀上平台后你的感觉和在下面观看时有何不同？

3. 当你准备跨越时，你首先想到的是什么？

4. 你是怎么鼓励自己完成这次跨越的？

5. 你认为这项活动能否成功的最关键点在哪里？

6. 你从这个拓展项目中学到了什么？

【项目简介】天梯

天梯高 8—10 米，每根柱子之间距离 1.5 米左右，队员必须克服自己的心理障碍并通过与队友配合爬上天梯的顶部。

团队比赛规则：小组成员两两分成一组向上攀爬，每队争取达到总体最好成绩。

【项目类型】高空挑战＋合作类高空项目，体现团队合作精神

【活动目的】

1. 培养良好的心理素质和空中平衡能力；

2. 增强同伴间协作精神。

【操作程序】

1. 培训师讲解活动规则和动作要领；

2. 学员穿保护衣并系好安全绳；

3. 两名学员为一组，两人相互帮助攀上天梯，直到摸到最顶端的标志，以时间分胜负。

【事后讨论】

1. 在攀登过程中，你和你的队友如何齐心协力地来完成这个游戏？

2. 本次活动完成后你有何收获？

……

拓展训练每次在具体项目实施后都有项目反思和总结以提升拓展心得，这是课程的一种收获体验方式。

作为企业可采纳的一种常见培训方式，优点和缺点如下：

主要优点：这种培训是体验式的，容易给学员增加深刻的印象，特别是通过高强度的训练科目，可以给学员一定的体验冲击力，通过拓展培训可以提高团队精神，强化学员的意志力，增强自信心等。

主要缺点：培训组织难度大、课程体验难度大，另外有的拓展项目实施过程中存在一定风险性，这种拓展培训必须有严谨规范的配套安全措施。

为了保证培训效果，主要建议：

（1）拓展训练前精心做好活动策划准备工作

● 认真分析拓展培训需要达到的目的；

● 精心安排好参加拓展培训的人员名单；

● 精心设计好拓展项目活动方案；

● 认真考核好培训基地；

● 及时做好受训群体身体素质分析、及早安排做好锻炼；

● 注意课程新颖性：做好员工曾经做过何种培训的调查，防止培训项目重复；

● 精心准备好拓展培训风险应急处理预案；

● 做好培训科目的保密工作（防止网络搜索到技巧）；

● ……

（2）拓展训练要注意课堂内和课堂外有机结合

- 根据天气情况提前安排好课堂内、外拓展项目；

- 理论和实践的有机结合；

- 拓展主题总结要上升为管理理念的提升；

- 及时鼓励和分享；

- 增强学员之间的互动；

- ……

（3）拓展培训后及时总结和提升

- 拓展训练的心得及时总结；

- 结合现实工作加以总结和延伸；

- 及时巩固学习效果；

- 拓展培训后效果跟踪。

上述注意事项，要及时落实在拓展培训实施方案中，如表7-6所示。

表7-6　拓展培训实施方案

拓展培训 实施目标			
组织部门		计划日期	
拟选择拓展机构			
拓展地点			
拓展项目			
活动计划			
拓展师简介			
配套保障	（如安全保障等）		

实施经费预算	合同费用： 	
	配套费用： 	
公司内部审批	是否同意该方案： 　□同意 　□不同意，原因是＿＿＿＿＿＿＿＿＿＿＿＿＿ 　　　　　　　　人力资源总监（签字）	
	是否同意该方案： 　□同意 　□不同意，原因是＿＿＿＿＿＿＿＿＿＿＿＿＿ 　　　　　　　　　总经理（签字）	

【提示】上述拓展培训方案，企业要和拓展公司沟通并落实在具体培训合同中。

7.5　沙盘模拟

沙盘是军事指挥员用来研究地形、敌情、作战方案，组织协调动作，实施战术演练，研究战例和总结作战经验的工具。此外，我们常见的沙盘还包括政府和建筑设计公司用来制作经济发展规划和大型工程建设的模型。

沙盘模拟培训是一项"体验式"培训方式，它将"军事沙盘"方式运用于企业各项管理，实现管理实战演练，具有很强的实战性和可操作性。

沙盘模拟培训主要运用非常直观的教具，根据企业外界不断变化的市场环境，结合有效的角色扮演、情景模拟以及讲师点评，使受训人员在虚拟的市场竞争环境中真实体会企业的经营管理过程，从而深刻感悟管理得失和管理教训。

沙盘模拟培训课程与传统的培训课程有很大的区别，它通过模拟企业运营过程，使受训者能够体会到不同角色在企业经营管理过程中的作用，通过和其他小组之间的竞争，能够及时体验得失，总结成败，从而深刻领悟企业管理规律，提高经营管理能力。此外沙盘模拟培训与传统的培训方法对比，前者具有更强的参与性（如每位参训学员都要进行角色扮演）、互动性（学员和学员之间以及培训师之间要不断交流和讨论）和实战性（每组人员都要在和其他组的实战中互相学习）。

据不完全统计，目前在我国开设的沙盘模拟培训课程（包括从国外引进的课程）非常多，常见课程举例如下：

表 7-7　我国常见沙盘模拟培训课程

常见沙盘模拟课程名称	课程类别
企业全面经营决策技能	经营决策
非财务经理的财务管理	财务管理
区域销售策略营销沙盘实战	销售技能
骨干人才管理	企业管理
团队竞争优势再造	团队管理
ERP 沙盘模拟	ERP 管理
经理人的飞行模拟舱	决策管理
沙盘模拟数据化决策应用	决策管理
销售人员基本营销知识	销售管理
企业全面经营运作	运营管理
企业全面运营	全面管理
企业经营决策与战略	战略与经营决策
经理人财务管理	财务管理
营销技能与客户管理	营销与客户管理
人力资源管理	人力资源
物流管理	物流管理
房地产开发经营管理	房地产管理
财务管理	财务管理
战略营销模拟	营销战略

关于沙盘模拟更多介绍可搜索网络相关内容。

第八章

培训经费预算管理

——巧妇难为无米之炊

- 培训费用管理都有哪些目标?

- 如何规范培训预算审批流程?

- 培训成本控制都有哪些策略?

本章导读

　　俗话说"巧妇难为无米之炊"，企业对培训的投入是真金白银，而培训预算是培训工作资金支持的基础，作为培训负责人员，制定有效的培训费用预算，同时公司各级审批权限有效控制培训成本，建立规范的培训流程是非常必要的。

8.1 培训费用管理目标

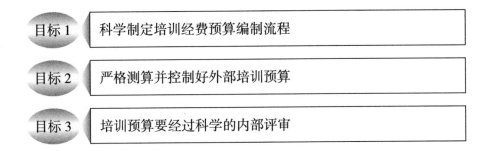

图 8-1 培训费用管理的三大目标

8.2 培训预算审批流程

一个科学有效的年度培训预算编制流程如图 8-2 所示：

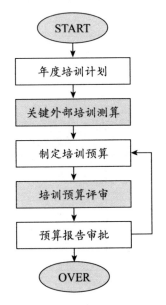

图 8-2 培训预算编制流程图

1. 年度培训计划

年度培训计划是制定年度预算的基础，年度培训计划包括各岗位计划培训人数信息、培训进度要求和紧急程度等信息。

培训紧急程度决定了要采用几种培训渠道，是选择内部培训还是引入外部培训。

2. 关键外部培训测算

企业在制定培训预算时，对于内部培训费用相对有限，只要提供必要的支持即可（如内部讲师培训奖励，培训配套支持费用等），真正影响企业培训费用的大头是外部培训，原因在于外部培训涉及培训场地定制、聘请外部讲师的费用相对高昂等。

3. 制定培训预算

在公司批准培训计划的基础上，结合关键外部培训测算制定年度培训预算，这样年度培训费用就能 COVER 住。

关于预算格式如表 8-1 所示：

表 8-1　20×× 年度培训预算

预算编写人员			
预算编写日期			
预算目的			
预期读者			
预算根据	《20×× 年度培训计划》		
预算项目	子项目	预算费用	费用详细说明
外部培训项目	A 培训		
	B 培训		
	C 培训		
	……		
内部培训	管理层		按照内部讲师待遇标准
	总监级		按照内部讲师待遇标准
	部门经理级		按照内部讲师待遇标准

续表

	项目经理级		按照内部讲师待遇标准
	核心骨干		按照内部讲师待遇标准
	……		
新员工培训	培训水果茶点		为培训创造良好氛围
	培训小奖品		鼓励新员工多提意见
	……		
各部门培训预算	A 部门		
	B 部门		
	C 部门		
	……		
……	……		
不可预见费用			按照预算 20% 估算
培训总成本			
培训说明			
预算评审	评审日期： 评审意见： 评审结论：□通过　　　□部分通过，修改要点如下： 修改结果：□已修改　　□未修改 　　　　　　人力资源总监（签字 / 日期）		
财务部审核	财务总监（签字 / 日期）		
总经理审批	总经理（签字 / 日期）		

4. 培训预算评审

培训预算起草后，人力资源部培训主管要组织相关人员做预算评审，并且记录相关评委的评审意见、评审结论等信息，经评审负责人审批后提交总经理审批。

5. 预算报告审批

预算评审后，人力资源部正式提交总经理审批。

8.3 培训成本控制策略

1. 培训成本的概念

很多企业都期望培训工作能达到这样的目标：在确保满足企业经营发展的前提下，既降低培训成本，又提升培训效率。那么企业培训到底要支付哪些成本呢？

企业的培训成本主要有以下几部分：

（1）直接成本：在培训过程中的一系列显性花费，如外部培训讲师费用、场地费用、培训配套组织费用（如车辆等）、内部培训讲师课程报酬、培训礼品等；

（2）组织成本：培训过程中间接产生的成本，主要是组织培训过程中投入的人力、物力成本（如培训主管组织各级经理研讨培训计划、培训占用的时间折算的间接成本），这些投入事实上都是非常大的；

（3）时间成本：所有参训人员参加公司培训，没有把工作时间放在工作上造成的时间成本，这个可以折算成人力时间成本；

（4）重置成本：由于培训效果太差导致重新组织培训所花费的费用；

（5）隐性成本：例如，烦琐的培训流程影响了培训人员的其他工作，公司对培训计划、计划和预算评审等工作占据了原本应重点关注核心业务的时间其所产生的是一种隐形的成本损耗。

上述培训成本分析可以看出，企业在开展培训工作不仅要达到低成本，还要保证高效率，这才是有效的培训策略。

2. 培训成本控制策略

企业培训成本来自多个方面，必须多管齐下同时进行控制：

表 8-2　培训成本控制策略

控制环节	可采取的有效策略
直接成本	任何企业都有"牛人"，企业要加强内部知识分享，要加强组织能力分析，要科学分析企业究竟有哪些外训是必须引入的。
组织成本	企业要制定科学规范的培训管理制度和流程，包括培训计划制定评审、培训经费预算评审。能合并的评审要同时组织（计划和预算可以同步组织），避免多次组织评审浪费时间和精力。
时间成本	每次培训都要精心选择受训对象，特别是外部培训，尽可能剔除无须参加培训的人员。另外参加外训的人员要积极做好内训传递，切实降低外训引入内训的成本。 此外，由于培训是企业和员工共同受益的事情，企业培训可以考虑部分占用工作时间，部分培训选择业余时间的方式，切实降低时间人力成本。
重置成本	切实加强培训需求调查，科学规划每次培训，精心准备每次培训，力争让培训更加有针对性和实效性。
隐性成本	企业要避免烦琐的培训流程来降低培训效率的情形，通过优化流程和不同岗位培训方案，提升培训的效率。

上述各种方案中，最关键的几点举措说明如下：

（1）规范培训渠道

企业要建立好培训供应商渠道，同时要研究竞争对手的培训信息，要认真研究外部培训渠道对企业核心竞争力提升的价值。

（2）培训模式的选择

俗话说"缺啥补啥"，内训和外训有各自优缺点，人力资源部要科学分析整个组织缺少何种技能？缺乏哪种能力？缺乏哪些知识？只有对组织整体能力有了了解，才能知道如何通过外训弥补，如何发动内部培训，实现"传帮带"。

总之，企业培训工作应从企业长期发展与人力资源管理工作全局出发，提升培训的策略性、系统性与前瞻性，采取规范化、专业化、精细化运作与管理，达到低成本、高效率的培训目标，从而为企业持续快速发展提供有力的支持。

（3）制定科学的培训预算编制

科学有效的培训预算编制办法，是规范企业培训费用支出的基础，只有制度才能保障各项费用支出的科学有效性。

第九章

岗位培训体系设计
——根据需求设计课程

- 岗位培训都有哪些目标?

- 培训维度如何有效定义?

- 营销人员如何组织培训?

- 研发人员如何组织培训?

- 管理人员如何组织培训?

本章导读

　　每个企业都有不同类型的岗位族，不同岗位族对于培训需求是不同的，但是对于相同的岗位族，不同企业都有着类似的培训需求，这些类似的培训需求是人力资源部组织培训的指南，也是培训工作的方向。

9.1　岗位培训目标

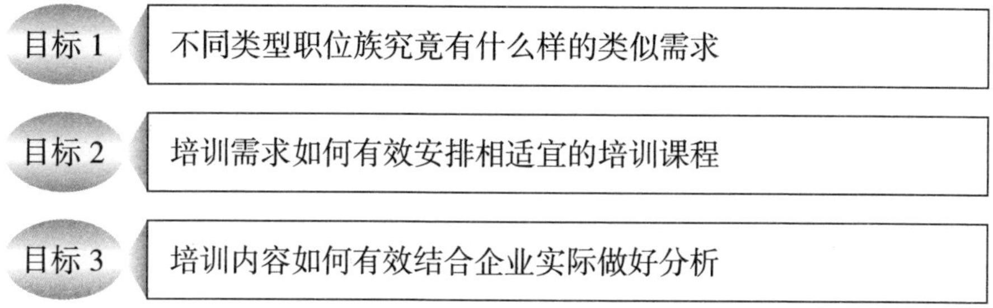

目标 1
不同类型职位族究竟有什么样的类似需求
目标 2
培训需求如何有效安排相适宜的培训课程
目标 3
培训内容如何有效结合企业实际做好分析

图 9–1　岗位培训的三大目标

9.2　培训维度分析

企业虽然有不同类型的岗位，但是不同岗位培训需求的分析维度是类似的：

任职资格
素质
技能
培训需求考察维度
价值观
知识
能力

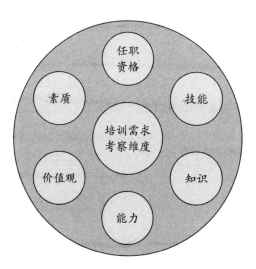

图 9–2　岗位培训分析数据来源模型

企业无论营销、研发、生产、职能以及管理人员，在提炼不同岗位培训需求数据来源时，都可结合上图进行详细分析。

每种岗位可通过统一的分析提炼出核心培训需求，把培训需求转化为具体课程计划，参见表 9-1：

表 9-1　岗位培训需求分析表

分析维度	现状调查	实际结果	主要差异
知识			
技能			
能力			
素质			
价值观			
任职资格			
胜任力			
……			

通过上表，就可以系统提炼不同类型岗位人员共性的培训需求。

9.3　营销人员培训

销售是企业的"龙头"和驱动力，任何不重视营销的企业是不可能快速发展壮大的。企业销售人员培训的核心目标是，持续提高销售人员销售技能，增加销售人员对企业产品的深刻把握，激发销售人员的潜能从而提高销售人员的业绩，最终实现企业的销售业绩。

企业要制定营销人员能力和知识地图，这样才能有效分析现状和标准的差异：

表 9-2　营销人员能力和知识地图

分析维度	初级	中级	高级	备注
知识				
技能				
能力				
素质				
价值观				

续表

分析维度	初级	中级	高级	备注
任职资格				
胜任力				
……				

（1）营销人员需要具备知识

对于营销人员要想做好本职工作，除了要深刻研究营销人员素质模型、胜任力模型之外，企业对营销人员必须要求掌握以下知识体系：

表9-3　营销人员需要具备的知识

知识体系	说　　明
政治经济环境	国家大政方针，行业发展动态等
法律知识	如合同知识、商业贸易条例、法律法规等
市场知识	深刻把握市场趋势以及这些趋势对行业、客户、市场，以及竞争对手的各种影响
客户需求	分析客户的资料、定位和需求以及客户服务
销售技能	销售策略、销售技能等
企业自身	企业概况、企业核心价值观、经营理念等
竞争分析	市场竞争对手行业地位、竞争对手销售策略和战术等
产品知识	企业自身的产品知识，产品与竞争对手差异化竞争分析等
财务知识	掌握财务方面的基础知识，如销售利润率计算方式等
……	（请根据企业自身实际情况补充）

只有在深入研究营销人员需要掌握知识体系基础上，通过能力差异分析，我们才能对营销人员的培训对症下药。

（2）营销人员需要具备技能

表9-4　营销人员需要具备的技能

销售技能	掌握通用的销售技巧，深刻把握客户需求，达成交易
销售策略	掌握销售策略，这种策略有助于双方战略目标的实现
客户意识	对客户需求灵敏，掌握如何提升客户满意度的技巧
解决问题	对于客户提出的刁难问题，有解决问题的能力

（3）营销人员需要具备素质

表 9-5　营销人员需要具备的素质

具备素质	备　注
沟通能力	良好的沟通能力
客户意识	客户至上的服务意识和理念
成功欲望	具有强烈的成功欲望，在销售取得业绩时有强烈成就感
抗压能力	承受销售任务时具有很好的抗压能力
做事果断	能够把握销售的火候，掌控销售局势，关键时刻果断决策
自立自强	在极少的支持和赞许下，也能长期独立地工作，掌握主动权，积极行动，并享受个人成功的果实

（4）营销人员需要具备价值观

表 9-6　营销人员需要具备的价值观

价值观	备　注
正直诚信	诚实正直，言行一致
客户第一	客户是我们的衣食父母，成就客户就是成就我们自己
团队精神	勇于发扬团队作战精神
……	……

营销人员应具备的价值观要纳入企业的"核心价值观"中，只有这样企业才能通过持续的企业文化建设不断灌输核心价值。

（5）营销人员需要具备任职资格

任职资格是企业招聘环节需要关键把控的地方，在梳理培训需求时需要回顾已经入职的营销人员任职资格是否符合岗位需求，对于不符合岗位需求的要及时提炼和总结。

（6）营销人员的胜任力差异分析

所谓胜任力，是指在特定工作岗位、组织环境和文化氛围中有优异成绩者所具备的任何可以客观衡量的个人特质。这些特质包括知识、技能、自我感觉、人格特质以及背后动机等。岗位胜任力是"绩效优秀和绩效一般的显著差异"，一个人胜任岗位的综合素质主要包括教育背景、知识、技能、职业素养等。

企业通过对营销人员胜任力评估，可以归纳如下结论：

表 9-7　营销人员胜任力评估

级别	评估结果	评估指南
A	表现突出	被评估者有非常显著的或突出的表现
B	达到要求	表明被评估者达到了预期的目标期望要求
C	尚待提高	表明被评估者目标实现与期望要求尚存在一定的距离
D	未达要求	表明被评估者与预期的目标期望要求存在比较大的差距
E	不适用	表明该项技能对于此被评估者来讲是不适合或不适用

评估结果为 C/D 的人员，就是培训需求重点分析的群体，通过这些群体素质能力分析，就可以提炼出企业真正有价值的培训需求。

在上述多维度分析基础上，再结合企业营销人员层次（一般需要划分为高层、中层和基层三个层次）不同层次的营销人员培训侧重点是不同的：

表 9-8　不同层次营销人员培训

典型课程	角色定位和对应职能		
	基层	中层	高层
营销基本知识			
现代市场营销			
企业产品知识培训			
企业服务专业知识培训			
客户心理学			
营销渠道开发与管理			
销售谈判技巧			
营销人员目标和计划管理			
时间管理			
有效沟通			
电话销售技巧			
合同等商务知识培训			
营销人员潜能开发			
成功学			
执行力培训			
……			

营销人员培训时机的确认也是一门学问，一般而言企业即可以在每季度（年度）定期培训，也要把握以下关键时机及时安排好培训：

- 国家政策环境发生变化时
- 经济发展出现重大转折点
- 客户群体经营战略重大调整
- 企业销售业绩整体下滑
- 有大批营销人员加入公司
- 企业新产品上市
- 竞争对手出现经营困难时
- 销售淡季时
- ……

9.4 研发人员培训

研发人员属于典型的高智力投入知识型员工，具备专门的知识和技能，与从事生产的员工相比，更注重工作自主性、个性化和多样化，更重视自我尊严和自我价值的实现。

企业研发员培训的核心目标是，持续提高研发人员研发技能，增加研发人员"客户至上"的理念，切实提升企业研发效率和质量。

为了做好研发培训，企业要制定不同类型研发人员能力和知识地图，这样才能有效分析现状和标准的差异：

表 9-9　研发人员能力和知识地图

分析维度	初级	中级	高级	备注
知识				
技能				
能力				
素质				

续表

分析维度	初级	中级	高级	备注
价值观				
任职资格				
胜任力				
……				

需要特别说明的是，不同企业对于研发人员级别定义不同，需要结合企业来定义。例如：

- 初级研发：如初级工程师、研发工程师
- 中级：中级研发工程师
- 高级：高级研发工程师、研发主管和总监等

（1）研发人员需要具备知识

对于研发人员要想做好本职工作必须要求掌握以下知识体系：

表9-10 研发人员需要具备的知识

知识体系	说　明
市场知识	高级研发人员必须深刻把握市场趋势以及这些趋势对行业、客户、市场，以及竞争对手的各种影响
客户需求	高级研发人员要善于分析客户的资料、定位和需求以及客户服务方面的知识
研发技能	具体的研发技能，如软件工程师需要掌握 C/JAVA/NET 等语言，数据库研发人员需要掌握 Oracle 等数据库
企业基本情况	企业概况、企业核心价值观、经营理念等
产品知识	企业自身的产品知识，产品与竞争对手差异化竞争分析等
财务知识	高级研发人员如研发总监必须掌握财务方面的基础知识，如销售利润率计算方式等
……	（请根据企业自身实际情况补充）

（2）研发人员需要具备技能

表 9-11　研发人员需要具备的技能

研发技能	掌握企业所需要的具体研发工具
客户意识	对客户需求灵敏，掌握如何提升客户满意度的技巧
解决问题	对于客户提出的刁难问题，有解决问题的能力

（3）研发人员需要具备素质

表 9-12　研发人员需要具备的素质

具备素质	备　注
研发能力	必须具备产品研发能力，此外高级研发人员需要具备良好的沟通能力
客户意识	客户至上的服务意识和理念
抗压能力	承受研发任务时具有很好的抗压能力
……	……

（4）研发人员需要具备价值观

表 9-13　研发人员需要具备的价值观

价值观	备　注
正直诚信	诚实正直，言行一致
客户第一	客户是我们的衣食父母，成就客户就是成就我们自己
团队精神	勇于发扬团队作战精神
……	……

（5）研发人员需要具备任职资格

任职资格是企业招聘环节需要关键把控的地方，在梳理培训需求时需要重新审核已经入职的研发人员任职资格是否符合岗位需求，对于不符合岗位需求的要及时提炼和总结。

（6）研发人员的胜任力差异分析

企业通过研发人员胜任力评估，可以归纳如下结论：

表 9-14 研发人员胜任力评估

级别	评估结果	评估指南
A	表现突出	被评估者有非常显著的或突出的表现
B	达到要求	表明被评估者达到了预期的目标期望要求
C	尚待提高	表明被评估者目标实现与期望要求尚存在一定的距离
D	未达要求	表明被评估者与预期的目标期望要求存在比较大的差距
E	不适用	表明该项技能对于此被评估者来讲是不适合或不适用

评估结果为 C/D 的人员，就是培训需求重点分析的群体，通过这些群体素质能力分析，就可以提炼出企业真正有价值的培训需求。

在上述多维度分析基础上，再结合企业研发人员层次（一般需要划分为高层、中层和基层三个层次）不同层次的研发人员培训侧重点是不同的：

表 9-15 不同层次研发人员培训

典型课程	角色定位和对应职能		
	基层	中层	高层
研发基础知识			
产品市场知识			
企业产品知识培训			
研发人员目标和计划管理			
项目管理			
质量管理			
有效沟通			
执行力培训			
工程、工艺流程改善与管理			
……			

研发人员培训时机的确认也是一门学问，一般而言，企业即可以在每季度（年度）定期培训，也要把握以下关键时机及时安排好培训：

- 客户群体经营战略重大调整
- 企业销售业绩整体下滑（是否需要调整研发方向）
- 有大批研发人员加入公司

- 企业新产品上市
- 研发淡季时
- ……

9.5 管理人员培训

企业管理人员是对从事管理类工作的人员的总称。企业管理人员一般分为基层管理人员（也叫专业管理人员，如财务、人力、行政、采购等）、中级管理人员（如部门经理、中心总监等）以及企业高级管理人员（如副总、总经理等高管）三个维度。

管理人员的培训，不仅包括管理岗位所需要的知识、技能培训，还包括管理者的自我管理、管理方法、管理思维的培训等多方面的内容。不同层次的管理人员其培训侧重点不同。

表 9-16　不同层次管理人员培训

人员类别	主要工作职责	培训内容的重点
基层管理人员	按照岗位职责所需专业化技能，保证各项任务有效完成	业务知识、实际操作能力、企业管理能力
中层管理人员	贯彻执行企业管理层制定的重大决策，监督和协调基层管理人员的工作	沟通协调能力、发现及解决问题的能力
高层管理人员	制定企业经营目标、发展战略，同时监督企业发展战略和年度经营目标的执行，对公司经营结果负责	战略决策能力

企业管理人员培训的核心目标是，持续提高管理人员管理技能，增加管理人员对企业发展战略和目标的把握，持续提高管理人员的绩效，最终实现企业的管理业绩。

企业要制定管理人员能力和知识地图，这样才能有效分析现状和标准的差异：

表 9-17 管理人员能力和知识地图

分析维度	基层	中层	高管	备注
知识				
技能				
能力				
素质				
价值观				
任职资格				
胜任力				
……				

（1）管理人员需要具备知识

对于管理人员要想做好本职工作，除了要深刻研究管理人员素质模型、胜任力模型之外，企业对管理人员必须要求掌握以下知识体系：

表 9-18 管理人员需要具备的知识

知识体系	说　　明
战略管理	企业战略管理
法律知识	如合同知识、商业贸易条例、法律法规等
市场知识	深刻把握市场趋势以及这些趋势对行业、客户、市场，以及竞争对手的各种影响
管理技能	管理策略、管理技能等
企业自身	企业概况、企业核心价值观、经营理念等
竞争分析	市场竞争对手行业地位、竞争对手管理策略和战术等
产品知识	企业自身的产品知识，产品与竞争对手差异化竞争分析等
人力资源	绩效考核、薪酬管理、福利管理、招聘技巧、员工培训、员工劳动关系管理
财务知识	掌握财务方面的基础知识，如管理利润率计算方式等
生产知识	企业产品的相关生产知识
……	（请根据企业自身实际情况补充）

（2）管理人员需要具备技能

表 9-19　管理人员需要具备的技能

管理技能	掌握通用的企业管理技能
客户意识	客户是衣食父母，客户至上的意识
解决问题	对于客户提出的刁难问题，有解决问题的能力

（3）管理人员需要具备素质

A. 管理人员需要具备的共性素质要求

表 9-20　管理人员需要具备的共性素质要求

具备素质	备　　注
沟通能力	良好的沟通能力
客户意识	客户至上的服务意识和理念
抗压能力	承受管理任务时具有很好的抗压能力
做事果断	能够把握管理的火候，掌控管理局势，关键时刻果断决策
……	（请根据企业自身实际情况补充）

B. 企业高级管理者需要具备的素质

我国《公司法》第 216 条规定，企业高级管理人员是指公司的总经理、副经理、财务负责人，上市公司董事会秘书和公司章程规定的其他高级管理人员。

在企业中具有经营决策、对企业经营管理总目标负责的人一般称之为高管；负责中心或部门级工作计划、控制和组织实施管理的人称之为中层；负责日常工作指挥和监督的人则属于基层主管。

高层管理人员是指对整个企业的管理负有全面责任的人，他们的主要职责是制定企业的总目标、总体发展战略，掌握企业发展大政方针并评价整个企业的整体绩效。企业高层管理人员的作用主要是参与重大决策和单独负责企业某几个部门，兼有参谋和主管双重身份。

企业高管的考核价值导向是，作为管理者必须有宽广的胸怀和眼界，具有领导能力、战略规划能力、大局观以及客户服务意识，具体素质要求如下：

- 高瞻远瞩的发展眼光
- 具有管理大局观和全局意识
- 具有良好沟通和协调能力
- 具有卓越的团队领导力
- 为人正直，工作敬业
- 良好的执行力，勇于担当精神
- 甘为人梯，善于培养团队
- 具有丰富的社会人脉资源等

（4）管理人员需要具备价值观

表 9-21　管理人员需要具备的价值观

价值观	备　　注
正直诚信	诚实正直，言行一致
客户第一	客户是我们的衣食父母，成就客户就是成就我们自己
团队精神	勇于发扬团队作战精神
……	……

当然管理人员应具备的价值观要纳入企业的"核心价值观"中，只有这样企业才能通过持续的企业文化建设不断灌输核心价值。

（5）管理人员需要具备任职资格

任职资格是企业招聘环节需要关键把控的地方，在梳理培训需求时需要回顾已经入职的管理人员任职资格是否符合岗位需求，对于不符合岗位需求的要及时提炼和总结。

（6）管理人员的胜任力差异分析

所谓胜任力，是指在特定工作岗位、组织环境和文化氛围中有优异成绩者所具备的任何可以客观衡量的个人特质。这些特质包括知识、技能、自我感觉、人格特质以及背后动机等。岗位胜任力是"绩效优秀和绩效一般的显著差异"，一个人胜任岗位的综合素质主要包括教育背景、知识、技能、职业素养等。

企业通过管理人员胜任力评估，可以归纳如下结论：

表 9-22　管理人员胜任力评估

级别	评估结果	评估指南
A	表现突出	被评估者有非常显著的或突出的表现
B	达到要求	表明被评估者达到了预期的目标期望要求
C	尚待提高	表明被评估者目标实现与期望要求尚存在一定的距离
D	未达要求	表明被评估者与预期的目标期望要求存在比较大的差距
E	不适用	表明该项技能对于此被评估者来讲是不适合或不适用

评估结果为 C/D 的人员，就是培训需求重点分析的群体，通过这些群体素质能力分析，就可以提炼出企业真正有价值的培训需求。

在上述多维度分析基础上，再结合企业管理人员层次（一般需要划分为高层、中层和基层三个层次）不同层次的管理人员培训侧重点是不同的：

表 9-23　不同层次管理人员的培训

典型课程	角色定位和对应职能		
	基层	中层	高层
企业管理基础培训			
领导力培训			
企业战略培训			
团队管理培训			
团队执行力培训			
营销基础培训			
人力资源管理			
财务管理			
生产知识培训			
质量管理培训			
有效沟通			
研发基础知识			
产品市场知识			
营销管理培训			
客户满意度管理			
……			

　　管理人员培训时机的确认也是一门学问，一般而言企业既要在每季度（年度）定期培训，也要把握以下关键时机及时安排好培训：

- 国家政策环境发生变化时
- 企业经营战略发生重大调整时
- 客户群体经营战略重大调整
- 企业管理业绩整体下滑
- 竞争对手出现经营困难时
- 企业经营淡季时
- ……

第十章

脱岗培训与外派培训

——特殊培训要做好管控

- 如何定义脱岗培训管理目标?

- 如何规范脱岗培训管理流程?

- 如何定义外派培训管理目标?

- 如何规范外派培训管理流程?

本章导读

脱岗培训与外派培训是企业培训中比较特殊类型的培训，相对于在职培训而言，这种培训的典型特征是脱离当前的工作岗位，企业允许员工离开岗位接受相关培训。这种培训方式的最大好处在于让员工集中精力不受任何干扰地参加非常重要的培训，更好地满足企业和员工的发展需要。

10.1　管理目标

目标 1	规范脱岗培训和外派培训关键管理流程
目标 2	规范脱岗培训和外派培训协议管理
目标 3	规范脱岗培训和外派培训的总结和评估

图 10-1　脱岗培训和外派培训管理的三大目标

10.2　管理流程

关于在职培训和离岗培训对比如表 10-1 所示：

表 10-1　在职培训和离岗培训对照表

对比项目	在职培训	离岗培训	
		脱岗培训	外派培训
培训需求	企业调查并统一决策	企业决策	个人申请或部门推荐
培训范围	培训范围广	范围小，多位企业核心骨干或者特殊培训需求者	范围小，多为中高层管理者或者核心技术骨干
培训内容	覆盖企业各个层面	专业技术和技能类	专业知识、业务拓展类
培训时间	时间短，不影响业务	可长可短，对业务有影响	可长可短，对业务有影响
培训地点	企业自定义	脱离工作现场	脱离工作现场，一般都集中在专业培训场所
讲师	内部或外部	专业讲师	专业培训师
培训费用	相对较少	较多	较多

脱岗培训常见形式包括户外拓展培训或者室内集中培训，外派培训常见形式包括管理培训、技术培训、专项类培训或认证考证培训等。

1.管理类培训

一般参加外训的为企业的中高级管理人员及后备干部，这种培训的主要目的是提升管理者的管理理念、管理技巧或管理方法等。通常这类培训属于发展性和福利性的培训。

2. 技能类培训

这种培训主要是企业各部门从事技能工作的人员，这类培训应该属于企业的一种常规性的外派培训，主要目的是提升企业现有技术或技能水平。这种培训一般有着很强的目标性与目的性，参训人员往往是业务部门的优秀技能人员。

3. 专项类培训

这类培训是近些年新兴的一类培训，如为了申报国家项目或资质就会涉及一些专项的培训，因此这类培训的参加者也往往是企业经办人员。

4. 认证考证培训

主要是企业为了维护资质，需要安排专人脱岗参加认证机构组织的培训。脱岗培训和外派培训管理流程类似，主要流程如下：

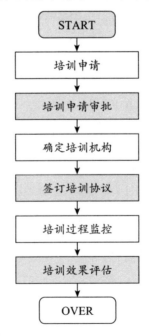

图 10-2 脱岗和外派培训管理流程图

1. 培训申请

脱岗培训和外派培训，事先都要经过事先申请，如表 10-2 所示：

表 10-2　员工脱岗培训申请表

员工姓名			所在部门		
脱岗类型	□脱岗培训　□外派培训　□其他				
培训形式	□拓展培训　□考证培训　□脱岗集中学习　□其他				
计划培训日期					
主要培训内容	（1） （2） （3） （4） （5）				
培训机构					
培训经费预算	费用类型	金　额		备　注	
	交通费				
	住宿费				
	餐饮				
	课程费用				
	不可预见费用				
	……				
	其他				
离岗培训期间工作安排					
培训申请审批	部门经理				
	人力资源总监				
	财务总监				
	公司领导				

2. 培训申请审批

培训申请提交后，需要经部门经理、人力资源总监、财务总监以及公司领导（最高为总经理）审批后方可安排培训。

- 部门经理：重点审核离岗参加培训的必要性
- 人力资源总监：重点审核公司安排培训是否满足现状，是否有必要离岗培训
- 财务总监：重点审核预算合理性
- 公司领导：根据部门经理、人力资源总监、财务总监意见最终审批并决策是否同意该员工参加离岗培训

 小贴士

企业统一集中安排的外派培训，如针对所有核心骨干（部门经理级别以上）人员的拓展培训，可通过统一的《请示》来审批。

3. 确定培训机构

《员工脱岗培训申请表》通过审批后，由人力资源部培训主管负责搜集并确定培训机构，如果事先已经定向选择好培训机构则无须选择。

4. 签订培训协议

为了防止受训人才的流失给企业造成的经济损失，人力资源部在培训实施前应安排员工与企业签订《培训协议》，协议中明确规定培训期间的费用负担和培训后的相关事宜。

关于培训协议本书前面章节中已经详细阐述过，企业可以采用统一的《培训协议》，也可以自行定制专门针对离岗的培训协议来加以规范（如表 10-3 所示）。

表 10-3　员工脱岗培训协议

企业名称 （甲方）	
受训员工姓名 （乙方）	
参加培训日期	
参加培训地点	
参加培训费用	
双方责任 和义务	甲乙双方根据平等自愿的原则，达成以下培训协议，本协议与劳动合同法具有同等法律效力。 一、甲方权利与义务 1. 根据乙方自愿和公司有关部门的推荐，甲方同意乙方参加离岗培训学习。 2. 甲方为乙方提供培训学习费用，其中因培训所产生的各种费用，如交通费、食宿费等均按公司财务相关制度报销费用。 3. 甲方负责为乙方提供参加培训的必要手续和条件。 二、乙方的责任与义务 1. 乙方参加脱岗培训需要事先申请。 2. 培训期间乙方应认真参加培训并且要努力达到培训的目标。 3. 培训期间乙方必须服从培训机构组织的培训安排，切实维护公司对外形象。 4. 乙方同意，参加本培训之后乙方为甲方服务期限至少为＿＿年。 5. 乙方严格执行公司保密制度，在培训期间严禁私自提供公司内部管理、技术等资料与参训其他成员分享。 6. 培训完成后所有重要资料均交还公司人力资源部统一保存。
协议特殊约定	1. 乙方在培训协议规定的服务期限届满前，未经公司批准主动辞职或者由于严重违纪被公司辞退除名的，培训学习费用需要一次性全额退还给公司。 2. 乙方在培训期间如未能通过培训考核或未达到培训要求，未能取得培训证书的，由本人负担 70% 的培训费用； 3. 培训过程中如因甲方紧急需要甲方有权中断乙方培训，所发生费用由甲方承担。 4. 乙方在培训中获得的培训证书所有权归公司所有。
双方确认	本协议一式两份，甲乙双方各执一份，协议自签字之日起生效。 甲方（盖章）　　　　　　乙方（签字） 　　　　　协议签署日期：　　　年　　月　　日

5. 签订过程监督

企业如果无法直接监控到脱岗或外派培训的员工在受训期间的表现，可以采取以下几种方式：

①通过培训机构及时反馈意见：培训机构联络人会跟踪受训人员培训期间典型表现，如培训签到情况等。企业与培训机构签署协议时可以要求对方发现问题及时给予反馈。

②外派培训考试成绩：参加外派培训过程，有的培训机构可能安排相关考试，人力资源部培训主管应及时跟踪考试成绩。

③脱岗培训结束后，受训员工应在 15 个工作日内向人力资源部提交培训证书、《脱岗培训总结报告》（如表 10-4 所示）等相关文件。

表 10-4　员工脱岗培训总结报告

受训员工姓名	
所在部门	
参加培训日期	
参加培训地点	
参加培训费用	
培训获得证书	
培训主要收获	
主要意见或建议	
是否计划安排引入企业内部培训	□部门内部已经安排　　□企业人力资源部已经安排　　□ N/A
报告确认	总结人（签字 / 日期）

总结报告既可填写后打印提交，也可以通过电子邮件方式提交。

 小贴士

　　企业统一安排的大批量的脱岗培训，如常见的拓展培训，人力资源部或公司领导应全程现场跟踪监控。

6. 培训效果评估

　　由于企业的外派培训并非经常性的、人数一般不会太多等因素，外派培训效果评估要比正常组织培训的评估难度要大一些。

　　外派培训中企业很难掌握培训的详细内容。从理论上讲，无论是内部培训还是外部培训，都可以从反应层、学习层、行为层和结果层等进行四级评估。

- 反应层：企业可以通过组织座谈等方式与参训人员沟通培训后的反应和效果，包括培训机构组织效果、讲师水平、教材难度，等等。
- 学习层：对于管理类课程企业可采用培训报告与培训效果分享的方式进行总结评估，对于技能类课程应采用笔试或实际操作等方式进行评估。特别值得一提的是，可通过这样的评估将被评估人的培训效果转化为公司的财富，与公司范围内相关人员知识共享。
- 行为层：行为层评估一般通过培训后2—3个月内（当然对于一些项目类则时间可能会更短一些），此时通过360度调研（如上下级或平级的同事的评估），来考察被评估人的实际工作是否取得了一定的效果。
- 结果层：通过培训前后的绩效考核变化（如核心KPI考核指标）来评估培训的效果是否达到了预期的目的。

03

第三部分

高手技能篇

高手篇重点介绍培训管理制度设计、培训课程开发、外部讲师管理、内部讲师选拔与培养、培训服务供应商的选择、e 时代的培训以及培训战略规划。

这部分内容是企业培训经理、部门经理、培训总监或人力资源总监必须重点掌握的核心内容。

第十一章

培训管理制度设计

——没有规矩不成方圆

- 企业制定培训管理制度有何目标？

- 制度编制的核心关键流程是什么？

- 如何有效设计培训制度管理框架？

- 集成式的培训制度应该如何设计？

- 分体式的培训制度应该如何设计？

- 企业培训常见管理记录都有哪些？

本章导读

俗话说"没有规矩不成方圆",企业无论规模大小,建立起相对规范的培训管理制度和流程,对保证培训质量,提升培训效果都是非常有必要的。

11.1 制定制度管理目标

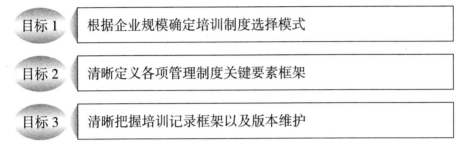

目标 1　根据企业规模确定培训制度选择模式

目标 2　清晰定义各项管理制度关键要素框架

目标 3　清晰把握培训记录框架以及版本维护

图 11-1　制定培训管理制度的三大目标

11.2 制度编制关键流程

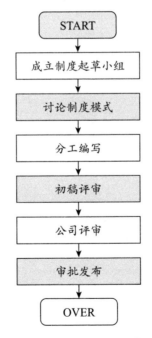

图 11-2　培训管理制度发布流程图

1. 成立制度起草小组

企业成立管理制度编写小组的目的在于，在统一的管理体系下分工协作，充分讨论，确保各项管理制度流程的规范性。

管理制度编写小组由负责人和小组成员组成。小组成立后要制订统一的分工计划，《管理制度分工编写计划》如表 11-1 所示：

表 11-1 培训管理制度编写分工计划

制度名称	配套记录	责任人	参加人员	计划完成日期
员工培训管理制度				
内部培训管理制度				
培训协议管理规范				
培训成本控制规范				
配套模板				
……				

2. 确定制度模式

俗话说"杀鸡焉用宰牛刀"，对于企业而言在编写管理制度时，必须分析平衡采用何种模式进行管理。

企业培训管理制度，一般分为"集成式"和"分体式"两种类型：

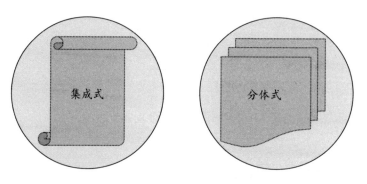

图 11-3 企业培训管理制度类型

表 11-2　企业培训管理制度类型

类型	类型描述	优　点	缺　点	适合企业
集成式	集成为一个制度文件，制度文件涵盖所有模块的阐述	框架式管理，把握关键流程即可，管理灵活	精细化粒度不够	中小企业特别是小微企业
分体式	核心制度，引用各个管理模块的方式	精细化粒度好	过于精细，管理灵活性差	大中型企业

3. 分工编写初稿

小组成员按照计划分工推进，搜集资料整理初稿。

4. 初稿评审

管理制度初稿完成后，文件起草小组内可组织内部评审，确保和相关管理制度衔接。

5. 公司评审

人力资源部组织各部门代表进行全公司范围内的评审，及时发现问题并修改完善。这也是内部民主公示程序的有机组成部分。

公司内部评审后，走内部民主公示程序，确保制度的有效性。

6. 审核发布

内部民主公示之后，由公司工会主席（或总经理）审批后实施。

 管理经验分享

　　HR 管理制度评审标准包括：①架构标准统一，内容要系统全面；②内容要合法；③可操作性要强；④要体现人性化管理的内容；⑤术语和名词使用规范并且通俗易懂。

11.3　培训制度管理框架

为了制定有效的培训管理制度，需要按照以下步骤来完成：

1. 吃透培训相关法律制度

企业作为一个具有法人资格的实体，在经营过程中必须遵照国家各项法律、法规和规章，做一个守法的法人是对企业提出的最基本的要求。

和培训管理相关的主要国家法律是《劳动合同法》，关键条款如下：

- 《劳动合同法》第22条第1款、第2款规定："用人单位为劳动者提供专项培训费用，对其进行专业技术培训的，可以与该劳动者订立协议，约定服务期。劳动者违反服务期约定的，应当按照约定向用人单位支付违约金。违约金的数额不得超过用人单位提供的培训费用。用人单位要求劳动者支付的违约金不得超过服务期尚未履行部分所应分摊的培训费用。"

  ➡ **具体操作须知**：技术培训费用是否包括配套费用没有明确规定，实际在人力资源部管理实践中，对于脱产培训期间的培训费用、食宿费用、差旅费用只要是从公司培训经费中予以报销的，都可以认定为是培训费用。企业如果在《培训协议》中明确约定培训期间的培训费用、食宿费用、差旅费用都属于专项培训费用的，企业就可以追偿，如果事先没有约定的，公司不能在解除合同时另行主张培训费用，只能按照培训福利来处理。

- 《劳动法》第68条规定："用人单位应当建立职业培训制度，按照国家规定提取和使用职业培训经费，根据本单位实际，有计划地对劳动者进行职业培训。从事技术工种的劳动者，上岗前必须经过培训。"

> **小贴士**
>
> 国家《劳动法》《劳动合同法》要吃透，另外原劳动部有些条款在新成立的"人力资源和社会保障部"仍然生效，需要认真研究。

2. 确定制度管理核心理念

在制定制度过程中，要将员工与企业的利益紧密地结合在一起，促进员工与企业共同发展，这是企业人力资源部管理制度规划的首要的基本原则。任何显失公平的制度，都会极大损害员工长远利益，最终也会伤害企业的长期利益。

3. 确定培训管理制度框架

一个完整的制度主要架构要统一，具体框架包括：

- 主要目的：描述管理制度制定的主要目的在哪里；
- 术语定义：定义常见的专业术语和名词解释；
- 适用范围：清晰定义出制度的适用范围，如是集团还是子公司等；
- 职责分工：定义在本项管理制度中各部门的职责；
- 主要流程：制度涉及的工作流程图；
- 制度规定：清晰规定制度的具体内容；
- ……
- 相关制度：本项管理制度引用哪些外部管理制度；
- 主要记录：本项管理制度配套的记录文件；
- 制度生效：规定制度何时正式生效。

 小贴士

网上多搜索和学习类似的管理制度来研究和学习，对 HR 从业者是个学习的捷径。

11.4 集成式的培训制度

集成式培训管理制度由一个核心的制度加上 N 个管理模板组成。

参考范例如下：

【范例1】公司培训管理制度

1. 目的

为了适应公司经营和发展的需要，持续提升员工核心能力，不断提升公司员工职业素质，特制定本项管理制度。

2. 适用范围

本制度适用于公司各种类型培训管理，包括公司统一安排的培训以及各部门组织的内部培训。

3. 管理原则

公司培训管理本着"统一规划、全面覆盖、有效实施、科学评估"的原则来开展，最终实现公司与员工价值的共赢。

4. 培训工作分工

- 人力资源部：负责培训需求调查、培训计划制订、培训组织实施以及培训效果评估
- 财务部：负责培训预算审核
- 各个部门：负责组织部门内部培训
- 公司领导：负责培训计划和预算审批

5. 培训管理流程

公司员工培训分为公司级培训和部门内部培训。

关于公司级培训按照以下流程执行：

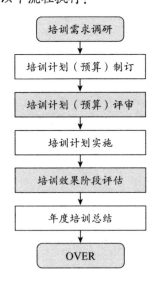

图 11-4 公司级培训流程图

关于培训实施流程说明如下：

（1）培训需求调研

每年 12 月初，人力资源部要启动下年度员工培训需求调研，通过有效的

《培训需求调研表》、结合有效的培训需求座谈会等方式组织内部调研，最终形成《培训需求调研报告》。

人力资源部要组织相关干系人对《培训需求调研报告》进行有效评审，过滤掉不合理的培训需求，提炼出对公司有价值的需求，以此作为《年度培训计划》制订的依据。

（2）培训计划（预算）制定

《培训需求调研报告》通过评审后，人力资源部要制订《年度培训计划》，年度培训计划包括：培训时间地点安排、培训方式（内训还是外训）、讲师的选择、培训课程、单项培训项目预算等。

《年度培训计划》制订过程中，要有配套的《年度培训预算》作为支撑。

（3）培训计划（预算）评审

《年度培训计划》和配套的《年度培训预算》，要经过公司评审委员会评审。

公司评审委员会主要组成：

评委会主席：（总经理姓名）

评委会成员：（请列举，主要包括各个副总，各中心和部门负责人、人力资源总监、财务总监等）

（4）培训计划实施

《年度培训计划》和配套《年度培训预算》通过公司评审委员会正式评审后，人力资源部严格按照计划和预算执行。

在计划和预算执行过程中，如有突发情况发生（如公司紧急安排的各种培训或者无法预料的培训项目），可以适当调整计划和预算，确保计划预算可控。

（5）培训效果阶段评估

人力资源部每个季度要对培训工作进行阶段评估，根据每次培训项目的《培训效果调查表》形成《季度培训效果评估总结报告》，提交公司领导审阅。

（6）年度培训总结

人力资源部根据全年《年度培训计划》和配套《年度培训预算》，以及各个季度《季度培训效果评估总结报告》，完成《年度培训工作总结报告》提交公司领导审阅。

对于本年度没有完成的计划，可纳入下年度培训计划制订中。

6. 培训协议签署规定

公司出资安排的各种专项培训，凡是综合费用成本超过 2000 元以上的员工，均需和公司签订《培训协议》，具体协议签署由人力资源部负责。

7. 培训师的选择

公司内部培训师的选择由组织部门和人力资源部共同选择指定，如需外聘培训师，由人力资源部负责选择。

8. 离岗培训管理

所有离岗培训（脱岗培训或外派培训），事先需要通过《离岗培训申请表》进行审批。

所有离岗培训人员参加外部培训金额超过 2000 元以上均需签订《培训协议》。

9. 培训纪律管理规定

凡是参加公司组织的培训参训人员必须按时到达培训地点并且依次签到，不允许代签，未签到或签到字迹潦草不能辨认的一律视为未签到。

无故不参加培训的，第一次部门内部通报批评，第二次全公司通报，第三次以后扣除违纪人员当月绩效 100 元。

公司级培训原则上要求必须参加，除了出差、生病、特殊紧急事情不能参加的，事假者必须有书面《培训请假审批表》，所有经理级人员须经总经理批准，其他人员须经人力资源部批准，病假者必须出示医院的证明及书面请假条，然后交培训组织部门方能休假，否则按无故不参加培训管理制度处理。

培训期间手机保持关机或静音，不能有声响，违反者每次罚款 100 元。

10. 培训成本控制

1. 培训成本控制方式：通过《年度培训预算》评审进行有效控制。

2. 财务审批权限

应急的培训单次费用 5000 元以下由人力资源总监审批，超过 5000 元（含）由总经理审批。

11. 制度配套记录

• 《员工培训申请表》

- 《公司年度培训计划表》
- 《年度培训需求调查表》
- 《培训效果评估表》
- 《培训签到表》
- 《培训效果评估报告》
- 《培训协议书》
- 《公司年度培训记录表》

12. 制度生效

本项管理制度自 20×× 年 ×× 月 ×× 日生效，本项制度最终解释权在人力资源部。

 管理经验分享

上述制度框架仅供参考，培训流程可根据企业实际情况做调整和优化，具体内容请根据企业实际情况完善，千万不要机械照搬。

11.5 分体式的培训制度

分体式培训制度由一个制度 +M 个分项规程或流程 + 配套 MN 个模板来组成。

参考范例如下：

【范例 2】公司培训管理制度

1. 目的

为了适应公司经营和发展的需要，持续提升员工核心能力，不断提升公司员工职业素质，特制定本项管理制度。

2. 适用范围

本制度适用于公司各种类型培训管理。

3. 管理原则

（参考上面的范例）

4. 培训工作分工

（参考上面的范例）

5. 培训管理流程

（参考上面的范例）

6. 培训协议签署规定

（参考上面的范例）

7. 企业内部培训师管理

公司内部培训师的选择由组织部门和人力资源部共同选择指定。

- 具体规定参见《企业内部培训师管理规定》

8. 离岗培训管理

所有离岗培训（脱岗培训或外派培训），事先需要通过《离岗培训申请表》进行审批。

- 具体规定参见《员工外派培训管理规定》

9. 培训纪律管理规定

- （参考上面的范例）

10. 培训成本控制

- （参考上面的范例）

11. 制度配套记录

- （参考上面的范例）

12. 制度生效

- 本项管理制度自20××年××月××日生效，本项制度最终解释权在人力资源部。

核心制度配套规定一：

【范例3】公司内部讲师管理规定

1. 目的

为了建立公司有战斗力的内部讲师队伍，实现内部讲师管理的规范化，通过内部讲师有效开展全员培训并帮助员工改善绩效，传承公司相关技术和管理并实现知识共享，特制定本管理规定。

2. 适用范围

本项管理是公司《培训管理制度》分项管理规定（引用母制度）。

本项管理规定适用于公司内部讲师的选拔、考核激励的管理。

3. 管理原则

内部讲师又称为"内训师"，是指在公司内部选拔，经人力资源部考核（资历、课件编写水平、讲课技巧等）并承担公司部分培训课程的开发与授课的人员。

公司内部讲师优先从核心骨干中选拔，最终要实现公司内部知识共享，通过核心讲师队伍切实提升公司技术和管理水平。

4. 培训工作分工

- 人力资源部：公司内部讲师的统一管理部门，负责讲师等级评定、制订公司培训计划及讲师日常管理。
- 内部讲师：参与课程课件开发（如培训标准教材、辅助材料、案例及游戏、授课PPT演示文档、试卷及标准答案等），负责课程内容讲解。同时要协助人力资源部完善内部培训体系。

5. 内部讲师选拔流程

（1）成立内训师选拔小组

公司成立以总经理作为评委会的选拔小组，选拔小组由公司副总、人力资源总监、各业务中心负责人组成。

（2）确定选拔标准

公司本着公平、公正、客观的原则对内训师进行选拔，主要选拔标准是，凡在公司管理、业务拓展、技术本领、专业知识等方面具有较为丰富的经验或特长，工作业绩突出，同时有较强的语言表达能力和感染力的人员，均可参加内训师选拔。

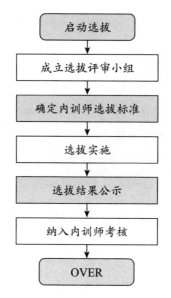

图 11-5　内部讲师选拔流程图

（3）内训师选拔实施

由各部门推荐或员工自荐，填写《内部讲师推荐（自荐）表》，由各分公司/部门经理或副经理审核，报人力资源部集中审核。

人力资源部审核通过以后，组织评审小组按照评选规则进行评选。

（4）选拔结果公示

评审小组按照评选规则进行评选，根据任职资格评选要素，确定讲师级别。

（5）纳入内训师常规管理

所有讲师授予"内训师"证书，将日常讲课纳入正常管理流程。

6. 参加外训纳入内训讲师规定

凡参加外派培训的员工，一次培训时长在5天或5天以上的人员，经人力资源部批准可作为公司"临时内训师"，具有为员工提供一次时间不少于2小时培训（内容、培训时间自定）的义务。

如讲课现场效果评估能达到内训师基本要求，经个人申请可纳入公司正式内训师管理。

7. 内训师晋级规定

公司内训师分为3个级别，所有讲师从初级讲师起步：

- 初级讲师：具备初级讲师任职资格，每年平均讲课 20 个小时以内（含），员工培训评估平均分在 80—84 分之间，可维持初级讲师资格。
- 中级讲师：具备初级讲师资格满 2 年（含）并且最近 2 年内累计授课不低于 60 个小时，员工培训评估平均分在 85—89 分之间，可升级为中级讲师。
- 高级讲师：具备中级讲师资格满 2 年（含）并且最近 2 年内累计授课不低于 80 个小时，员工培训评估平均分数至少在 90 分以上（含），可升级为高级讲师。

培训师升级需通过内训师资格评审，填写《内部讲师升级申报表》。人力资源部将根据平时对学员抽查的培训效果、内训师授课水平作最后审批。

8. 内训师年度认证

企业每年 1 月需要对上年度内训师任职资格进行重新评定，内训师必须具备的条件和资格如下：

（1）工作认真敬业，年度绩效考核至少在 85 分以上。

（2）对所从事的工作拥有较高的业务技能，且具有相当高的理论水平。

（3）在管理、业务、专业知识等方面具有较为丰富的经验或特长。

（4）具有较强的书面和口头表达能力和一定的培训演说能力。

重新评定合格者由人力资源部颁发"内训师证书"（有效期一年）。

9. 内训师激励

公司对内训师主要激励方式如下：

（1）人力资源部将每年组织 1—2 次全体内训师的经验分享与交流，或聘请资深人员或外部专家指导和培训，优先考虑内训师参加外训，以提高内训师授课水平。

（2）为开发课程的内训师给予报销查询、购买、复制课程相关资料等费用。

（3）每年年底评选出"优秀内部培训讲师"，授予"荣誉证书"，并作为员工晋级、调薪的重要依据。

10. 内训师课时费标准

- 初级讲师：每课时 50 元
- 中级讲师：每课时 75 元
- 高级讲师：每课时 100 元

11. 配套记录

- 《内部讲师推荐表》
- 《内部讲师评估报告》

12. 制度生效

- 本项管理制度自 20×× 年 ×× 月 ×× 日生效，本项制度最终解释权在人力资源部。

核心制度配套规定（二）：

【范例 4】员工外派培训管理规定

1. 目的

为了规范公司外派培训管理，通过外派培训使员工学习业界先进知识技能，持续提高员工素质，特制定本项管理规定。

2. 适用范围

本项管理是公司《培训管理制度》分项管理规定（引用母制度）。

本项管理规定适用于公司培训管理。

3. 管理原则

公司本部及分、子公司应在上报年度培训计划时同时提出年度外派培训计划并报批核准。临时外派项目，申请人需按管理权限及申报程序逐级审批。

4. 培训范围

外派培训的形式分为全脱产、半脱产和在职培训。

外派培训内容主要包括：核心骨干拓展培训、参加专题业务研修班、MBA 进修培训、企业经理人培训、考取相关资质证件以及参观考察等。

5. 培训管理规定

（1）外派培训人员分为指定、推荐及个人申请三种情况，公司所有离岗培训和外派培训，均需事先通过《离岗培训审批表》审批，具体审批权限如下：

- 单次培训时间在 3 天（含）以内的培训由人力资源总监审批；

- 单次培训时间在 4—5 天（含）以内的培训由主管副总审批；

- 单次培训时间在 6—7 天（含）以内的培训由总经理审批。

（2）外派培训人员选择原则：公司核心骨干或者业务相关负责人。

（3）由公司出资外派培训进修的员工，出资费用累计超过 2000 元（含）须与所在单位签订外派相关《培训协议书》，约定服务期等相关事项：

- 单次培训费用 2000—5000 元，服务期延长 1 年。

- 单次培训费用 5001—9999 元，服务期延长 2 年。

- 单次培训费用 10000 元以上，服务期延长 3 年。

（4）费用报销：外派培训费用的报销范围包括学费、教材费、往返交通费、食宿费等。培训费用由员工所在部门报销，参照财务部管理规定执行。

（5）培训考证规定

外派培训结束后，如果员工因个人原因没有取得学历证书或相关证件，培训所有费用由员工自行承担 50%，其余由公司承担。

6. 工资发放：

员工参加外派培训期间，绩效工资按当月实际出勤天数计算，其他工资执行原工资标准，培训期间社会保险及其他福利待遇按公司统一标准执行。

7. 外派培训总结

所有外派培训人员培训结束后 7 天内，受训员工应向公司人力资源部递交《培训合格证书》《离岗培训总结报告》，以及培训期间相关培训资料。

8. 培训知识共享

所有参加离岗培训员工，在受训结束后 15 日内，需和本部门人员分享培训期间各种收获（如技能、知识经验等）。

9. 制度配套记录

《离岗培训审批表》

《离岗培训总结报告》

10. 制度生效

本项管理规定和公司《培训管理制度》同步配套实施。

本项管理规定最终解释权归人力资源部所有。

11.6　培训常见管理记录

有了培训管理制度和配套规范，那么支撑培训管理制度的具体工具就是管理模板（也叫管理记录）。

企业制定规范统一格式和文件编号的记录，同时要做好及时维护确保记录文件有效性。

关于企业培训常见的管理记录如下：

表 11-3　管理记录文件

主要记录	记录说明
《年度培训需求调查表》	培训需求调研使用
《公司年度培训计划表》	制订培训计划，年度纲领性文件
《培训签到表》	每次培训必须留下签到记录
《培训效果反馈表》	培训结果评估
《培训协议书》	公司出资的专项培训必须签订培训协议
《培训效果评估报告》	每次培训都要有总结报告
《离岗培训审批表》	离岗培训必须事先审批
《离岗培训总结报告》	参加离岗培训后要及时总结
《内部讲师推荐（自荐）表》	内部推荐讲师使用
《内部讲师评估报告》	内部推荐讲师定期评估
……	……
《公司年度培训总结》	年度培训工作总结

 小贴士

上述记录文件列表，本书已经贯穿到各个章节中了，在此不再赘述。

需要特别提示的是，任何制度和规定，任何管理记录文件在日常使用过程中，都需要与时俱进及时完善，人力资源部要做好文件编号和版本号的维护跟踪工作，确保使用最新版本的记录文件，防止管理混乱。

很多企业的做法是将文件 PFD 处理后通过电子邮件发给全员，这种做法的缺点：一是容易泄露公司管理秘密，二是制度可维护性比较差，很多员工容易遗忘。比较好的做法是：

（1）规范文件编码：人力资源管理制度可以 HR 开头，1 开头的是制度、规范和流程类；2 开头的文件是规程和子制度；3 开头的是模板。这样所有文件都符合 ISO9000 的流程；

（2）版本维护：文件版本 Vx.y 正式发布以 V1.0 开始，一般小的变更调整 y 值，大的变更则调整主版本 x 值；

（3）制度发布载体：最好以网页方式链接发布，企业由专门部门（负责 ISO9000 体系维护的部门，如质量管理部或者行政管理部）来维护文件最新版本，确保员工看到的是最新版本的制度和记录文件。

除了文件编号及版本号以外，制度批准日期与生效日期等信息同样需要在内网公示。

上述做法的好处一目了然，所有制度流程和记录纳入统一管控，这样才能真正做到规范有序。

第十二章

培训课程开发

——围绕目标循序渐进

- 企业培训课程开发有何主要目标？

- 培训课程设置流程应该如何规范？

- 培训课程开发模式常见都有哪些？

- 培训课程开发步骤应该如何规范？

本章导读

　　培训课程的开发是培训计划实施过程中非常关键的环节，企业在做培训课程开发时，要系统结合培训需求，本着"系统化、实用化和针对性"的原则，组织内训和外训讲师进行课程开发，确保培训课程内容的有效性。

12.1 课程开发管理目标

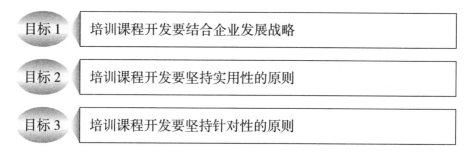

图 12-1 培训课程开发管理的三大目标

12.2 培训课程设置流程

培训课程的设置的核心是要解决如何设置符合企业培训目标的课程，符合企业"系统化、实用化和针对性"的培训管理原则。

一般而言，企业设置培训课程，要按照以下流程来确定：

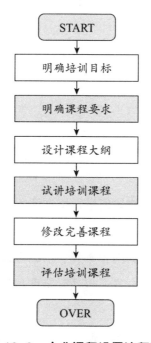

图 12-2 企业课程设置流程图

（1）明确培训目标

要深入研究培训的目的是什么、想要达到何种培训效果以及如何通过课程设置达到这个目的。

（2）明确课程要求

课程设计时要深入研究过去的课程实施经验，明确课程设置的具体要求，并且这些要求要围绕培训目标来分析。

（3）设计课程大纲

课程大纲是培训课程的纲领性文件，在设计课程大纲过程中要经过课程学员代表参与研讨，确保课程大纲围绕课程要求展开。

（4）试讲培训课程

课程大纲设计完成后，可以开发试讲的课程内容，可以在一定范围内实施试讲，让参加试讲人员提出完善意见。

（5）修改完善课程

课程正式讲解时，要根据培训调查表及时完善课程内容，确保课程内容的针对性和有效性，更加符合目标学员的实际需求。

（6）评估培训课程

企业在每年度或每季度，定期组织培训课程的评估工作，要深入结合培训目标、培训效果调查表等数据进行分析，实现课程内容逐步完善的目的。

12.3 培训课程开发模式

培训课程设置后才能围绕如何进行培训课程开发来展开，在确定培训课程设置大纲后，就要考虑培训课程开发问题。

培训课程开发是指对培训内容本身、培训方式、培训媒介、培训资源等一系列与培训有关的元素的开发，包括确定课程目标、组织课程内容、实施课程和课程评估等。

课程开发模式要确定的内容包括：

- 培训目标的确定；
- 学员期望学习什么内容；
- 培训策略和媒介的选择；
- 在培训过程中如何安排时间（教学进度）；
- 在进行培训时，如何及时反馈信息（培训评价的实施）。

企业在考虑培训课程开发模式时，可以借鉴的模式如下：

【模式1】理论模式

传统的企业培训课程开发模式，主要基于"行为学习理论"和"认知学习理论"，课程设计的焦点集中在理论传授即培训课堂内容的主动讲解传授上，这种模式主要强调培训师的主导作用，突出培训过程要循序渐进，运用系统方法对教学课程进行设计。

➡ 理论模式适合企业管理和经营理念、领导力培训等。

【模式2】实践模式

这种培训模式的重点在于实践应用，培训过程通过培训师手把手教，提升学员动手能力和实际操作能力。

➡ 这种模式适合技能的学习，如研发和生产等。

【模式3】复合模式

这种模式是理论和实践相结合，讲师讲授不仅传达理念知识，还要通过有效的实践给学员传递更多的感官认知。

➡ 复合模式适合理论和实践都需要紧密结合的培训，如研发技能等，不仅需要传授课程理论知识，更需要重视实践动手编程能力。

12.4　培训课程开发步骤

无论何种课程模式都需要规范的流程开发出满足企业培训目标的课程内容，企业的培训课程开发步骤如下：

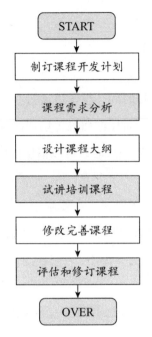

图 12-3　培训课程开发流程图

关于培训课程开发流程详细阐述如下：

【1】制订课程开发计划

为了精心策划培训课程，需要制订一个有效的培训课程开发计划来推动课程的开发进度实施，确保培训目标的实现，如表 12-1 所示。

表 12-1　培训课程开发计划表

课程名称			
培训对象		课程开发部门	
负责人		参与人员	
培训目标			
课程开发必要性			

续表

	主要步骤（活动）	责任人	主要成果	计划完成日期	备注
课程开发计划	立项审批				
	课程需求调研				
	课程大纲设计				
	课程内容		PPT、案例等		
	课程传授模式				
	培训实施				
	课程修订				
	……				
审批意见	□同意立项　　□不符合立项规定 主要意见： 人力资源总监（签字／日期）：				

需要特别说明的一点是，课程开发计划主要针对的是企业需要投入大量人力、物力和财力的课程，对于无须团队、无须兴师动众的，如只要内训师一个人就能搞定的课程企业投入大量人力、物力和财力就得不偿失了。

【2】课程需求分析

前面我们讲解了《培训需求调研分析报告》，这个报告以及后续的培训计划，都是培训课程需求分析的纲领性文件。

培训课程需求分析主要来源于培训调查，因此课程设计者要深入研究企业过去做过的培训需求调查数据，形成培训课程需求分析表（如表12-2所示），这样培训更有针对性。

表 12-2　培训课程需求分析汇总表

课程名称			
是否立项	□立项审批通过　　□尚未立项		
需求调研目的			
需求分析主要内容			
调研范围	调研数据	调研结果提炼	备注
	调查问卷		
	现场访谈		
	管理文档		
	其他方式		
需求分析	有价值需求点	需求点分析	备注
培训需求分析总结			
培训课程设置支撑点提炼			
……	（根据实际需要补充）		
……			

　　小贴士

　　培训课程需求分析汇总表主要针对事关企业全局的重大培训，这个表提炼的信息相信对企业课程设置有管理价值，普通的、需求明确的课程无须采用这个表。

【3】设计课程大纲（内容）

培训课程设计的核心在于培训方法的确定以及具体培训内容的开发。

企业各种培训方式有很多，各种方式参考如下：

表 12-3　企业培训方式参照表

方法＼目标	知识学习	提高解决问题能力	绩效提升	团队精神	沟通能力	改变态度	备注
课堂讲授法	★	★	★				
演示操作法	★	★	★				
多媒体教学	★						
小组讨论法		★	★		★	★	
案例研究法		★			★		
角色扮演法	★	★			★	★	
游戏训练法		★					
现场操作	★	★	★				
沙盘模拟		★	★	★		★	适合管理培训
视频自学	★						
拓展培训		★	★	★		★	团队精神培训

【符号信息】★表示效果明显或良好（仅供参考）。

 小贴士

　　上表只是根据培训管理经验的总结，事实上各种培训方法的有效性在不同企业的应用中有差异，企业在选择培训方式上要根据培训需求来选择最适合企业的方式，不要机械照搬。

企业设计的课程内容要本着以下原则设计：

- 相关性：与企业生产经营实践结合；
- 有效性：既能满足学员需求，又能反映培训的需求；
- 价值性：避免"以自我为中心"的习惯性思维，必须围绕如何产生培训价值来思考。

在上述原则基础上，课程开发直接成果包括：

表 12-4　课程开发直接成果

典型内容	内容说明
课程PPT	多媒体教课必须使用的PPT，这是"课堂讲授法"的核心内容，建议讲师根据过去的培训内容，结合企业实际深入完善后组织评估
学员手册	针对学员的培训手册，主要从PPT中提炼纲要（一般是摘取精华内容），外训讲师要提供关键的课程纲要和核心内容
案例集	案例研究法需要提供的内容
视频	课堂现场需要演播的视频素材
问卷	课程现场需要的调查问卷
演示操作	演示操作需要的各种演示道具或者演示内容
活动素材	课程现场需要的小活动配套素材（如各种活动道具等）
考题	讲课之后需要的笔试题（公开考试或闭卷考试要在课程开发过程中研究落实），需要特别注意的是考题要注意严格保密
讲师手册	讲师制定的针对培训课程视需要而定
……	（请根据企业培训需要补充完善）

企业培训负责人要对学员手册和授课PPT进行严格审核，主要关注内容设计的逻辑性并使之与公司情况相结合。

【4】试讲培训课程

课程开发内容完成后，讲师可以对关键的培训进行试讲，召集学员代表现场讨论对开发课程讲课的意见，作为课程负责人进行组织并完善后正式投入使用。

对于企业有实际讲课丰富经验的讲师可以无须试讲。

【5】修改完善课程

讲师在讲课过程中，每次需要根据《培训效果调查表》反馈的意见，及时对课件内容做出适当的调整和完善。

【6】评估和修订课程

随着企业内外部环境变化，对课程进行修订是必需的，至少企业每年组织修订一次，或者根据组织要求和培训对象变化等情况适时对课程进行修订，以适应培训形势的需要。

关于培训课程改进计划表，如表 12-5 所示：

表 12-5　培训课程改进计划表

课程名称				
培训对象		课程开发部门		
课程负责人		参与人员		
改进目标				
课程改进必要性				
课程改进依据	改进意见收集来源	主要意见	计划改进内容	备注
	（培训反馈表还是座谈会等方式请写出）			
	……			
改进结果跟踪	□已经完成　□尚未完成 课程改进负责人（签字／日期）			

📁 **小贴士**

　　培训课程体系建设需要培训管理者科学规范地进行建立，是整个培训体系建设中最重要的一个环节，不可简单地闭门造车。在培训课程设计开发过程中，经常做调研和内部沟通，通过精心有效的组织才能做好这项工作。

第十三章

外部讲师管理

——一切资源为我所用

- 外聘讲师管理目标主要都有哪些？

- 如何有效定义外聘讲师挑选原则？

- 外聘讲师挑选流程应该如何规范？

- 企业外聘讲师渠道资源都有哪些？

本章导读

外部讲师的管理核心把控点是和培训机构的合作协议管理，与培训机构的协议中对讲师的要求必须严格规范好，只要把握好这个关键点，在这个原则和基础上选择讲师就是后续要做的工作了。

13.1　外聘讲师管理目标

| 目标 1 | 严格把控好培训机构各种培训资质要求 |

| 目标 2 | 认真考察好外训讲师的资质和经验素质 |

| 目标 3 | 把握好外部资源转引入企业内训渠道 |

图 13-1　外聘讲师管理的三大目标

13.2　外聘讲师挑选原则

企业在考虑培训讲师的选择标准时，要注意坚持以下几个关键原则：

1. 讲师的实战经验

有的讲师是专业做培训的，缺乏企业管理实战经验，如很多电视台和网络曝光的所谓的"名人"，要价很高名气很大，企业在选择培训讲师时，必须坚持是否曾经在企业亲自"做过"的原则，确保课程内容具备实战性。

2. 突出讲师课程特长

培训讲师都有某项课程管理专长，对于"万能型"的讲师要慎选，什么都会等于什么都不会，什么都精通的万能讲师不可能什么课程都能搞定。

3. 讲师的声誉

很多培训机构为了提高培训宣传对讲师都有"包装"，有的甚至炒作成"神仙"或"大师"，企业可以在网上搜索讲师讲课的"负面信息"，并求证负面信息是否真实。

4. 讲师专著情况

持续的学习能力是讲师的一项基本功，企业在选择讲师时，可以深入调查这个讲师是否出版过专著（专著代表社会对其的真正认可），大家不要忘记的一点是，很多出版社对于个人出版专著都有严格的评审机制，如果讲师水平有限是不可能通过出版评审这一关的。

5. 性价比问题

外部讲师一般费用都很高，企业在综合考虑讲师知名度、美誉度以及讲课水平等各项要素时，不要忘记价格是否在企业可承受范围，是否符合性价比。

13.3 外聘讲师挑选流程

目前培训行业鱼龙混杂，外训讲师素质参差不齐，如何挑选好的外部讲师，让培训真正给企业带来实实在在的培训效果，需要企业培训负责人练就一双"火眼金睛"。

外聘讲师挑选流程如图 13-2 所示：

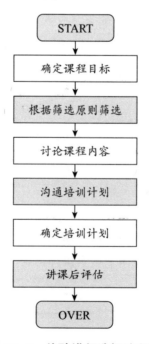

图 13-2 外聘讲师选择流程图

1. 确定课程目标

要深入研究培训的目标即培训的目的是什么，想要达到何种培训效果？如何选择外部讲师才能通过课程设置达到这个目的。

2. 根据筛选原则筛选

前面阐述了选择讲师的 5 项基本原则。企业通过专业培训机构或者其他渠道，可以要求提供多名符合条件的讲师供企业挑选，如表 13-1 所示：

表 13-1　外部讲师筛选评价表

课程名称					
选择讲师			课程开发部门		
选择负责人			参与人员		
培训目标					
讲师对比	对比要素	姓名 1	姓名 2	姓名 3	……
	经验				
	声誉				
	特长				
	专著				
	报价				
	参加讲课效果				
	……				
推荐讲师					
审批意见	□同意　　□不同意 主要意见： 人力资源总监（签字 / 日期）：				

另外需要说明的是：

（1）讲师不是越有名气就越好，知名度不代表定位度，选择行业专家才是核心评判标准，花大钱请知名讲师授课，听课时热血沸腾，听课后我行我素，实际上没啥效果。

（2）企业要有充足时间筛选外训师，因为优秀的讲师日程一般排得比较满。

（3）通过 HR 同行推介以及评价，这个原理就是"群众的眼睛是雪亮的"。

 管理经验分享

告诉大家一个方法，可以和待选的培训机构沟通，旁听几个讲师的培训课程（一般培训机构可以安排半天或者几个小时，有的培训机构不允许全天参与培训）。这样企业培训主管可以身临其境感受外训师的讲课水平和效果，之后再和培训机构签订培训协议并确定培训讲师。

3. 讨论课程内容

讲师确定后要及时和外训师沟通好培训大纲和内容，企业培训负责人要和外训师明确传达培训的目标，企业培训需求以及期望达到的培训效果等。

在沟通过程中，要认真审核讲师培训的 PPT 纲要（全部内容是否能在培训之前提供给企业需要在协议中明确）、培训方式，等等。

 管理经验分享

有的外训师如果愿意到企业认真调研的话，这种外训师更有价值，因为即使再牛的讲师，如果在培训前期没有认真调查，针对切实问题进行培训，培训效果往往不能尽如人意，有时候培训效果甚至会适得其反。

4. 沟通培训计划

企业要和外训师沟通好培训计划，并且通过电子邮件或者正式商务函等方式落实好培训计划，沟通确认培训内容，如表 13-2 所示：

表 13-2　培训计划沟通确认表

课程名称					
外训讲师		课程开发部门			
外训机构		合同签署日期			
培训目标					
培训计划	计划内容	外训机构准备事项		企业准备事项	备注
	培训时间				
	培训地点				
	课件审核确认				
	培训招待				
	培训接待安排				
	培训奖品				
	培训结果调查				
	……				
审批意见	□同意　□不同意 主要意见： 　　　　　　　人力资源总监（签字 / 日期）：				

5. 确定培训计划

培训计划沟通确认好以后，企业要和培训机构通过正式商务函件签署正式培训合同，需要特别注意的事项是应急处理和违约责任（要签订到培训合同中）：

- 企业选择的培训师无法按时参加培训怎么办？
- 企业已经预定培训地点，改变培训日期的违约金谁承担？
- 企业精心准备的培训配套支出，外训机构违约怎么处理？
- 外训机构如果破产怎么办？
- 培训机构对培训一再拖延培训，费用如何处理？
- ……

管理经验分享

所有可能发生的风险要签署到《培训合同》中加以明确，先小人后君子。

6. 讲课后评估

有的培训评估是企业做，有的是培训机构亲自做培训评估并且和培训师收入挂钩。

企业事先要和培训机构提前做好调研，最好采用统一的调研方式（包括调研项目、评价标准等），最终双方实现培训调研结果数据共享。

13.4 外聘讲师渠道资源

专业培训机构是企业选择讲师的重要渠道，原因在于专业机构企业可供选择的外训师资源丰富，可以充分进行对比分析。

事实上除了专业培训机构外，企业还可以参考以下模式选择外训讲师：

表 13-3 选择外训讲师操作模式

可选渠道	操作模式	备　注
牛人	如果企业雇用不起猎头推荐的牛人，可以谈判让其兼职做培训实现"双赢互利"	优点是实战，缺点是牛人是否愿意做培训不好控制
专著	很多图书作者都公布联系方式，企业可以联系安排专题培训。这些作者很多仍坚持在企业一线，管理经验丰富，实战本领高 通过这种方式选择培训师，培训费用一般比专业机构要经济得多	优点是有实战经验，缺点是有的作者喜欢做顾问不愿意做培训
专业展会	展会上有很多企业专业的人士（如很多技术牛人和管理牛人）演讲	这种专业人士是否愿意分享和培训需要谈判
专业活动	很多专业网站组织的专业活动，企业可以物色企业急需的培训资源	这种专业人士是否愿意分享和培训需要谈判
……		

管理经验分享

　　一切渠道都能成为企业搜集培训师的资源，在外训引入方面，我认为方法总比问题多，只要开动脑筋，培训资源无限。

第十四章

内部讲师选拔与培养

——充分挖掘内部潜能

- 内部讲师管理目标都有哪些内容？

- 如何有效定义内部讲师选拔流程？

- 如何规范企业内部讲师晋级规定？

- 如何规范企业内部讲师年度认证？

- 如何规范企业内部讲师激励管理？

本章导读

企业内部讲师又称为"内训师",是指在企业内部选拔,经人力资源部考核(资历、课件编写水平以及讲课技巧等)并承担公司部分培训课程的开发与授课的人员。

内训师队伍是有效开展全员培训并帮助员工改善绩效的关键举措,同时又是有效传承公司相关技术和管理并实现知识共享的良好途径,很多企业都高度重视内训师队伍建设,这种方法既经济又有效。

14.1　内部讲师管理目标

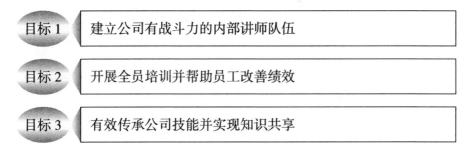

图 14-1　内部讲师管理的三大目标

14.2　内部讲师选拔流程

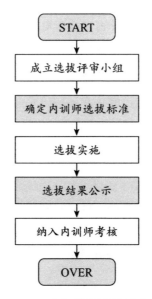

图 14-2　内部讲师选拔流程图

1. 成立内训师选拔小组

公司成立以总经理作为评委会的选拔小组，选拔小组由公司副总、人力资源总监、各业务中心负责人组成。

2. 确定选拔标准

公司本着公平、公正、客观的原则对内训师进行选拔，主要选拔标准是凡在公司管理、业务拓展、技术本领、专业知识等方面具有较为丰富的经验或特长，工作业绩突出，同时有较强的语言表达能力和感染力的人员，均可参加内训师选拔。

需要特别指出的几点是：

- 内训师要高度认同公司文化，愿意并乐于分享；
- 内训师必须保证本职工作绩效考核成绩优良（榜样价值）；
- 内训师在某项业务领域有深刻的感悟并有成功的实践经验（示范作用）；
- 内部兼职讲师授课时应保持良好的仪容仪表；
- 内部兼职讲师必须严格执行公司培训计划；
- 内部兼职讲师应于开课前准时到达培训会场，以免延误课程；
- 内部兼职讲师无故缺席半年内不得再次申请成为内部兼职讲师；
- 视工作需要每位内部兼职讲师按照任职标准完成讲授课程；
- 内部兼职讲师担负着知识和技能传承的重任；
- 内部讲师要对公司商业机密负有保密的责任，未经许可严禁外部讲课；
- 内部兼职讲师肩负着宣传公司企业文化的职责。

小贴士

内训师的标准每个企业都不一样，建议根据企业特点认真总结提炼并纳入企业的《内训师管理规定》中，标准统一了选择内训师的质量才有保障。

特别提示一点：对公司文化有负面思想者即使能力再强、业绩再好，都不能做内部讲师。

3. 内训师选拔实施

由各部门推荐或员工自荐，填写《内部讲师推荐（自荐）表》（见表14-1所示），由各分公司 / 部门经理或副经理审核，报人力资源部集中审核。

表 14-1　内部讲师推荐（自荐）表

推荐方式	□推荐　□自荐	推荐日期	
被推荐人		所在部门	
推荐人		所在部门	
推荐原因			
自我评价			
职业特长			
过去讲课经历			
申请讲授课程			
初审意见	□符合初级内训师要求　□不符合 人力资源总监（签字/日期）：		
评审意见	□符合初级内训师要求　□不符合 评委会主席（签字/日期）：		

　　人力资源部审核通过以后，组织评审小组按照评选规则进行评选，评选方式：

- 报名者积极踊跃：可采用多种方式来遴选。
- 报名者寥寥无几：可以采用审批制，之后再发动员工。

内训师选拔过程可以采用"试讲"方式，演讲方式等公开选拔方式，由评委评分表决（事先制定评分标准），或者组织员工代表投票方式表决。

关于内部讲师试讲评分表，如表 14-2 所示：

表 14-2　内部讲师试讲评分表

推荐讲师		试讲日期		
试讲地点		评　委		
	评价维度	标准得分	单项得分	主要评价
	语言流畅性	10		
	讲课条理性	10		
	课堂气氛活跃度	10		
	讲课教材质量	10		
评分维度	形象仪表	10		
	讲课时间掌控	10		
	内容吸引力	10		
	内容充实度	10		
	内容针对性	10		
	课堂答疑解惑	10		
课程总评分	——		——	——
讲课水平总体评价	□优秀（90 分以上）　□良好（80—89 分）□一般（70—79 分） □较差（60—69 分）　□特别差（59 分以下）			
初审意见	□符合内训师要求　□不符合 人力资源总监（签字 / 日期）：			
评审意见	□符合内训师要求　□不符合 评委会主席（签字 / 日期）：			

 小贴士

上表评分权重可根据企业培训管理实际需要进行调整，不要机械照搬，仅供参考。

4. 选拔结果公示

评审小组按照评选规则进行评选，根据任职资格评选要素，确定讲师级别。

5. 纳入内训师常规管理

所有讲师授予"内训师"证书，日常讲课纳入正常管理流程。

14.3　内部讲师晋级规定

公司内训师常见可分为 3 个级别，所有讲师从初级讲师起步，逐级认证没有特殊技能不得越级安排：

- 初级讲师（或者叫"铜牌讲师"）：具备初级讲师任职资格，每年平均讲课 20 个小时以内（含），员工培训评估平均分在 80—84 分之间，可维持初级讲师资格。
- 中级讲师（或者叫"银牌讲师"）：具备初级讲师资格满 2 年（含）并且最近 2 年内累计授课不低于 60 个小时，员工培训评估平均分在 85 分以上，可升级为中级讲师。
- 高级讲师（或者叫"金牌讲师"）：具备中级讲师资格满 2 年（含）并且最近 2 年内累计授课不低于 80 个小时，员工培训评估平均分数至少在 85 分以上（含），可升级为高级讲师。

培训师升级需通过内训师资格评审，填写《内部讲师升级申报表》（如表 14-3）。人力资源部将根据平时对学员抽查的培训效果、内训师授课水平作最后审批。

表 14-3　内部讲师升级申请表

讲师姓名		员　工　号	
所在部门		申请日期	
原　级　别		申请升级	
过去 2 年内训业绩			

续表

是否符合 升级规定	刚性指标	是否达标	备注
申请讲授 新课程			
初审意见	□符合升级规定　□不符合升级规定 人力资源总监（签字／日期）：		
总经理审批	□符合升级规定　□不符合升级规定 总经理（签字／日期）：		

14.4 内部讲师年度认证

企业每年年初（1—2月）需要定期对上年度内训师任职资格进行重新评定，维持内训师必须具备的条件和资格如下：

（1）工作认真敬业，业绩服众，本职岗位年度绩效考核至少在85分以上；

（2）对所从事的工作拥有较高的业务技能，且具有相当的理论水平；

（3）在管理、业务、专业知识等方面具有较为丰富的经验或特长；

（4）具有较强的书面和口头表达能力和一定的培训演说能力。

重新评定合格者由人力资源部颁发"内训师证书"（有效期一年）。

 小贴士

内训证书是对内训师的荣誉和认可，有条件的企业建议做得精致一些，证书上要有编号，内训师级别等关键信息，不同证书可以采用不同颜色以示区分。

14.5 内部讲师激励管理

企业对内训师的激励主要包括物质激励和精神激励两种方式。

A. 物质激励就是课时费，每次讲课完成后由人力资源部发放课时费。例如：

- 初级讲师：每课时 50 元
- 中级讲师：每课时 75 元
- 高级讲师：每课时 100 元

 小贴士

培训课时费多少由企业根据规模、效益等来确定，还可以采取给讲课老师礼品的方式（礼品价值不要过低，要体现企业的重视程度），确保"讲师乐于做内部培训"的激励效果。

B. 精神激励：公司对内训师可采用以下激励方式：

（1）人力资源部将每年组织 1—2 次全体内训师的经验分享与交流，或聘请资深人员或外部专家指导和培训，优先考虑内训师参加外训，以提高内训师授课水平；

（2）为开发课程的内训师给予报销查询、购买、复制课程相关资料等费用；

（3）每年年底评选出"优秀内部培训讲师"，授予"荣誉证书"，并作为员工晋级、调薪的重要依据。

第十五章

培训服务供应商的选择

——没有对比就没有择优

- 供应商选择目标都有哪些内容？

- 供应商选择要点都应如何设计？

- 供应商选择方式常见都有哪些？

- 供应商合同签订应有哪些要点？

- 供应商应该如何定期规范评价？

- 供应商日常信息应该如何积累？

本章导读

　　培训相关供应商主要是外部培训机构的选择。科学选择适合企业的供应商，提升培训质量，确保培训目标的实现。

15.1　供应商选择目标

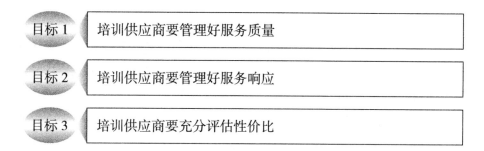

图 15-1　培训供应商选择的三大目标

15.2　供应商选择要点

在外部培训机构的选择过程中，关键评价指标如图 15-2 所示：

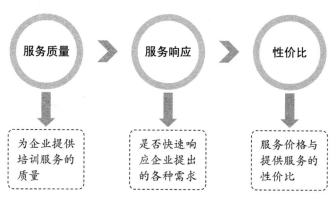

图 15-2　培训服务供应商选择要素示意图

- 服务质量：外部培训机构品牌知名度及对应服务质量是否满足企业培训需求；
- 服务响应：对企业提供培训支持的服务响应是否及时；

- 经济性：选择培训机构是否经济合理，性价比高。

15.3　供应商选择方式

培训服务供应商的选择方式有很多，无论何种选择模式，必须做到"知己知彼"，此外通过服务磨合期的考察，深入分析供应商的服务质量等要素是否满足企业的需求。

【选择方式 1】推荐方式

这种推荐方式主要通过 HR 朋友圈的方式进行推荐，目前 HR 服务群很多，HR 高管和各级经理之间通过分享推荐供应商的方式将其纳入企业供应商名录，之后通过服务期的考核最终确定服务供应商。

采用这种方式的优点是，通过 HR 圈专业人士的推荐可提高选择效率，缺点是是否符合企业实际需求还需要认真考察和验证。

【选择方式 2】招标选择

招标过程选择潜在培训服务供应商时，企业作为采购方可以在更大范围内选择理想的合作伙伴，以更合理的价格选择供应商。这种做法的好处是公开、公平和公正，通过竞价可有效降低各项服务成本、提高服务质量。

A. 公开招标

公开招标的最大优势是有利于企业在更大范围内择优录用最好的供应商。其特点表现为"三公原则"即"公开、公平、公正"，对所有培训服务供应商一视同仁，所有有潜力的供应商和服务提供商都能平等地参与企业的投标。

公开招标的缺点是，对于业界公开知晓的优质供应商，采用公开招标无异于"杀鸡用牛刀"，浪费时间和财力。

关于公开招标评分表如表 15-1 所示：

表 15-1　公开招标评分表

供应商	
招标课程	

续表

评价项目	标准得分	主要评价意见
资质真实性		供应商现场提供资质进行验证
客户数量		供应商行业客户数量
服务响应		服务响应（投标承诺）
口碑知名度		在业界知名度和美誉度
讲师试讲水平		讲师试讲水平
……		……
评委签字	评委（签字／日期）	

需要特别说明的是，当企业收到大量的培训供应商宣传资料时，切不能只看资料介绍，因为很多企业资料介绍都自行美化不少，要多打听业界的口碑和美誉度信息。要重点考察师资力量和水平（培训机构自有讲师还是外部引入），要重点分析培训师擅长领域（注意培训师不是万能的），相关培训经验，千万不要以名气作为决策依据（有的讲师名气大，课程费用自然居高不下）。

B. 邀请招标

邀请招标是企业锁定供应商范围，是一种优先竞争选择供应商的方式，最大优势是可以缩小范围、锁定目标、速战速决，这样不仅节省了企业招标费用，还有效地提高了投标人的中标机会。

邀请招标的目标要特别清晰，对培训行业供应商要及早研究透彻。

C. 议标采购

议标是一种谈判招标的方式，即先通过有一定条件限制的招标邀请入围，之后再经过价格和服务标准谈判的方式最终确定合格供应商。

议标采购主要有以下两种议标方式：

◆直接邀请

直接邀请某家供应商进行单独协商，达成协议后签订采购合同。如果一家不成，再邀其他家，直到谈判成功。

◆比价议标

将投标邀请函送给几家供应商，邀请他们在约定的时间内报价（一般要求直接报最低价），然后择优录用。

15.4　供应商合同签订

为了确保培训供应商服务质量，与供应商及时协商并签订好合同是非常必要的。

【范本】培训供应商服务合同

采购方（以下简称甲方）：

地　　址：

电　　话：

邮　　编：

供应商（以下简称乙方）：

地　　址：

电　　话：

邮　　编：

甲方因企业发展实际需要，根据《中华人民共和国合同法》的有关规定，聘请乙方为甲方培训供应商，经双方友好协商签订以下协议，以期共同遵照履行：

一、乙方为甲方提供全面、周到和谨慎的培训课程服务，双方约定：

培训课程名称＿＿＿＿＿＿＿＿＿＿＿＿＿＿＿＿＿＿＿＿＿＿＿

培训日期安排在＿＿＿＿＿＿＿＿＿＿＿＿＿＿＿＿＿＿＿＿＿＿

培训讲师指定为＿＿＿＿＿＿＿＿＿＿＿＿＿＿＿＿＿＿＿＿＿＿

培训地点甲方指定为＿＿＿＿＿＿＿＿＿＿＿＿＿＿＿＿＿＿＿＿

培训费用税前＿＿＿＿＿＿＿＿＿（大写为＿＿＿＿＿＿＿＿＿），合同签署后2个工作日支付＿＿＿＿＿＿％作为预定金，培训完成后3个工作日支付余款，税费由乙方承担。

二、甲方主要职责：

（1）确定培训课程名称；

（2）确认乙方提供的讲师；

（3）按合同约定及时向乙方支付培训费用；

（4）负责承担学员、讲师的交通费和餐费。

三、乙方职责是：

（1）按照合同约定为甲方活动提供培训服务；

（2）负责组织安排好讲师按时参加培训；

（3）为甲方培训提供相关支持。

四、培训效果评估与合同款关系

（请自行定义培训效果评估与合同款，根据谈判效果来定，有的培训机构可能不同意这个条款，企业对培训课程效果如有明确期望的，作为企业可以适度积极争取）

五、如果甲方支付预付款后乙方没有及时提供培训，应及时将预付款退还给甲方。

六、（请补充合同其他谈判细节内容）

七、不可抗力因素

因为天灾等不可抗力因素造成培训无法按照计划执行，双方应本着愉快合作原则协商安排好下一步培训计划，合同继续执行。

八、违约条款

甲乙双方非因不可抗力因素违约，如甲方没有按时支付合同款，或者甲方预付款项后乙方没有按双方约定提供培训，应赔偿对方经济损失（按照合同额30%）。

九、双方就本协议未尽事宜另行协商所产生之合约，为本协议不可分割之组成部分。因履行本协议而发生争议，双方友好协商解决。

十、合同生效

本合同正本一式两份甲乙双方各执一份，由甲乙双方共同签字后正式生效。

甲方（签字）：

乙方（签字）：

协议签订日期：　　　年　　月　　日

小贴士

培训协议要根据不同类型培训自行定义，有的培训机构会提供标准化的模板，企业也要结合自身业务特征研究制定好适合企业的培训合同模板。

15.5 供应商定期评价

培训服务供应商要定期进行服务质量等要素的评价，人力资源部要组织相关人员定期进行评价，主要评价表单如表 15-2 所示：

表 15-2 培训服务供应商定期评价表

评价人员				
所在部门				
评价日期	年 月 日			
评价地点				
供应商评价	供应商名称	服务质量	服务响应	经济性
		□良好 □一般 □较差	□良好 □一般 □较差	□良好 □一般 □较差
		□良好 □一般 □较差	□良好 □一般 □较差	□良好 □一般 □较差
		□良好 □一般 □较差	□良好 □一般 □较差	□良好 □一般 □较差
		□良好 □一般 □较差	□良好 □一般 □较差	□良好 □一般 □较差
		□良好 □一般 □较差	□良好 □一般 □较差	□良好 □一般 □较差
		□良好 □一般 □较差	□良好 □一般 □较差	□良好 □一般 □较差
		□良好 □一般 □较差	□良好 □一般 □较差	□良好 □一般 □较差
评价人员（签字）	评价人员（签字 / 日期）			

人力资源部汇总上述评价表单进行分析，对于相关人员一致认为较差的供应商可以剔除出供应商名录，同时继续追加合格的供应商纳入考察，确保人力资源部采用的供应商服务质量有保证、服务效率高并且性价比高。

15.6　供应商日常积累

建议企业人力资源部日常积累好培训机构客户资源，平时要通过 HR 圈多找几家推荐的培训机构，多谈谈积累一些供应商资源以备不时之需。

当企业选择与这些培训机构合作时，通过良好的合作关系多争取一些免费培训名额（推荐给内部讲师参加他们提供的免费培训），借助外部培训机构持续学习和提升，逐步将外部知识转化为内部知识和技能，通过与外部培训机构长期双赢互利的合作，持续提升企业培训的水平。

第十六章

E-Learning

——e 时代的培训

- E-Learning 基本概念概述
- E-Learning 核心体系构成
- E-Learning 平台建设模式
- E-Learning 培训内容建设
- E-Learning 培训课件制作
- E-Learning 培训效果评估

本章导读

　　谈到员工培训，在 e 时代不得不提到的就是 E–Learning 在线学习的方式。E–Learning 发源地在美国，1999 年我国开始 E–Learning 的研究，E–Learning 初期主要应用在电子化学习后来引入网络教学和远程教育，近年来逐步引入企业培训，并且在很多大中型企业发展势头很快，E–Learning 这种培训方式非常值得深入研究。

16.1 E-Learning 基本概念概述

所谓 E-Learning 指的是在线学习的方式，一般通过互联网实现学习，而传统培训指的是课堂面授式的培训。

关于 E-Learning 与传统培训方式见下表所示：

表 16-1 E-Learning 与传统培训方式的对比

对比要素	传统培训方式	E-Learning
投入成本	短期投资较高	启动资金多，长期看平均成本比较低
受众面	比较有限	比较广
学习自由度	比较低	比较高
知识管理	比较难	比较容易
学习质量	难控制	容易跟踪

这里需要阐述一下培训成本，对于企业而言培训成本分为显性成本以及隐性成本。

企业的培训成本主要有以下几部分：

1. 显性成本主要包括：

（1）直接成本：是指在培训过程中的一系列显性花费，如外部培训讲师费用、场地费用、培训配套组织费用（如车辆等）、内部培训讲师课程报酬、培训礼品等；

（2）组织成本：培训过程中间接产生的成本，主要是组织培训过程中投入的人力物力成本（如培训主管组织各级经理研讨培训计划、培训占用的时间折算的间接成本），这些投入事实上都是非常大的；

（3）时间成本：所有参训人员参加公司培训，没有把工作时间放在工作上造成的时间成本，这个可以折算成人力时间成本。

2. 隐性成本：如烦琐的培训流程影响了培训人员的其他工作，公司对培训计划、计划和预算评审等工作占据了原本应重点关注核心业务的时间所产生的是一种隐形的成本损耗。

而在线学习（E-Learning）相对传统培训，成本相对要低，而且更重要的是可以无限制反复多次学习。当然 E-Learning 也有明显的缺点：

（1）初期启动资金大：包括软硬件平台，外购电子教材等投资比较大；

（2）缺乏实践体验：讲课视频等可以观看但是现场体验环境受限则很难；

（3）缺乏培训沟通：没有沟通机制，培训遇到问题很难直面沟通。

总之，E-Learning 可以作为企业培训方式的有机补充，充分发挥优点：

以下培训内容可以纳入 E-Learning 常态化的培训，例如：

（1）常态化的制度培训：企业如果有规范化的管理制度，那么培训制度可以 E-Learning 的方式，给入职新员工做培训；

（2）常态化的技术培训：企业常用的技术，可以采用 E-Learning 培训；

（3）常态化的产品培训：企业各部门产品性能和功能，这种常态化的内容可以采用 E-Learning 培训。

当然 E-Learning 培训最好和培训后的答疑或沟通会等方式灵活结合起来。

16.2　E-Learning 核心体系构成

一般而言，企业 E-Learning 体系由 E-Learning 技术体系、内容体系和日常运营管理体系三部分组成。

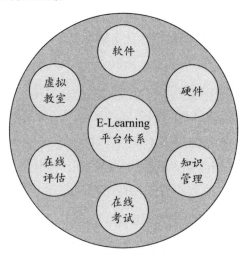

图 16-1　E-Learning 构建体系示意图

- 技术体系：E-Learning 技术体系主要包括构建 E-Learning 学习平台需要的软件、硬件、网络、服务器、数据库和操作系统等软硬件技术支撑体系；
- 培训内容体系：包括学习内容、知识管理、课件、在线考试、虚拟教室等；
- 日常运营管理：包括软硬件日常维护、学习内容评估维护等。

上述体系构建了 E-Learning 从技术支撑、培训内容到日常运营管理。需要说明的一点是，很多大中型企业在投资构建 E-Learning 培训体系时，所有部门通力合作，各负其责投入内容研发力量支持 E-Learning 体系的构建，确保实现企业内部知识共享。

 管理经验分享

　　企业软硬件平台建设需要专业的技术知识，感兴趣的读者可以在网上搜索相关的技术。

16.3　E-Learning 平台建设模式

　　E-Learning 平台建设初期投资大，但是可否采用捷径方式快速构建起来？事实上快速启动 E-Learning 建设有很多种模式可以考虑。

表 16-2　E-Learning 建设模式

模式	模式概述
自行开发	企业可根据实际需求自行研发 E-Learning 平台，这种方式优点是量身定制，缺点是投资大、项目周期长
采购	网络可以搜索"E-Learning"有很多专业厂商多年积累并且有成熟的解决方案，企业可以按照采购供应商的方式进行选择，重点考察供应商服务质量、平台案例等
租赁	有的"E-Learning"专业厂商的平台可以租赁，这种方式对企业初期投资要求比较低
外包	企业可以将"E-Learning"外包给专业厂商托管

当然，企业在选择 E-Learning 平台建设模式时，要综合考虑长期培训规划、E-Learning 平台使用率（可能的预测）以及性价比等因素。

16.4　E-Learning 培训内容建设

企业在构建 E-Learning 学习内容时，要综合考虑长期培训规划等因素，把部分常态化、知识化的内容提炼出来。

企业在 E-Learning 内容设计上，可采用以下设计方案：

1. 设计好 E-Learning 知识目录体系

有效的目录设计是 E-Learning 的关键，目录体系如同企业的"配置管理库"一样，方便员工查阅和学习。

现在很多 E-Learning 平台都支持多级目录构建和分类可以按照类别进行全文搜索，企业可采用的内容分类方式包括：

表 16-3　E-Learning 内容分类方式

分类方式	方式概述
内容类别	如技术知识、管理知识、专业知识、营销知识等
企业架构	如果企业管理架构长期相对稳定，可以按照企业组织架构来划分，这样方便做权限控制
岗位类别	按照企业员工岗位类别划分，如管理类、专业类、职能类、营销类、研发类、产品类、生产类、运营类、维护类等
员工职级	如高级、中级和初级等
员工类别	新员工和老员工分开管理
……	……

2. E-Learning 内容规范化管理

一般而言，E-Learning 内容核心是课件资源，分为标准化课件和定制化课件：

（1）标准化的课件一般通过外购方式购买，如员工礼仪、行政管理、人力资源管理、财务管理、沟通技巧、营销管理等；

（2）定制化课件：和企业自身业务关联大的自行研发的课程，如企业简介、企业文化、岗位管理、企业管理制度等。

3. 充分发挥员工的主观能动性

企业要鼓励员工提供 E-Learning 内容资源，鼓励员工将优质的培训资源提供给人力资源部供大家分享。

16.5　E-Learning 培训课件制作

E-Learning 培训课件制作是 E-Learning 内容体系的核心，由于课件制作周期相对较长，企业要按照规范化的方式进行管理。

企业 E-Learning 培训课件可采用的方式包括：

表 16-4　E-Learning 培训课件采用方式

类别	概　述
视频	适合网络传输的视频文件，如讲座、专业课程等，可以采用视频方式，这种方式是最传统、最经典的课件开发模式。
FLASH	FLASH 动画形式，这种课件主要优点是网络传输要求低，缺点是开发成本高
音频	录音的文件，这种文件优点是网络要求较低，缺点是学员兴趣度低
HTML 多媒体	基于 WEB 浏览器学习的网页文件，包括文本、图片和视频等
3D	3D 仿真模拟类课件主要用于讲解复杂的操作培训，如讲解机械原理等
……	……

 管理经验分享

建议企业 E-Learning 培训课件开发组建一个项目小组，需要课件策划人员、设计人员和 UI 美工等人员共同参与。

16.6　E-Learning 培训效果评估

如何衡量 E-Learning 培训效果，企业可采用以下典型方式：

表 16-5　E-Learning 培训效果衡量方式

方式	概　　述
在线考试	参加 E-Learning 培训后要设置在线考试，如企业管理制度、管理文化等，检验学员是否真正掌握培训知识
在线调查	在线做培训效果调查，要设计好和培训课件相关的调查内容，对于学员没有掌握的内容可以在线提交反馈，人力资源部要收集尚未掌握内容的信息，及时组织相关人员事后跟踪学习效果
研讨会	人力资源部要阶段性对参加 E-Learning 培训的人员组织访谈，认真听取他们学习的效果和感受，不断提高学习针对性
绩效跟踪	对于专业类的课件培训，人力资源部可以跟踪受训群体绩效改进情况，通过绩效考核成绩的分析跟踪并确认培训效果
……	……

总之，E-Learning 成败的关键不能仅限于测试学员在线考试考了多少分，更重要的是他们能否将学到东西学以致用，能否将学到的知识和能力应用在实际工作中，这是学习效果检验的关键。

如何更有效的发挥 E-Learning 学习效果，可以考虑的建议如下：

1. 创建以工作内容为核心的课程

企业 E-Learning 设计课程，要紧密围绕不同员工岗位工作内容，当然要认真考虑企业核心技术机密的保密问题。

2. 增加课程吸引力

员工对涉及自身能力提升的课程更感兴趣，企业要因势利导，增加 E-Learning 设计课程的针对性和趣味性。

企业 E-Learning 设计课程要尽量采用多种素材和学习工具，并尽可能提高课程内容的吸引力。运用一切可能的手段来提升学员的兴趣，如案例学习等。

E-Learning 课程中要包含真实案例、图片、文献以及关键人物访谈，等等。

3. 增加课程学习反馈

员工在每个 E-Learning 课程学习之后，可设置提问思考环节来检测学员是否真正掌握并理解学习内容，在设计问题时尽量运用案例或是实际工作中的场景，尽可能让学员把学到的知识和技能运用出来。

此外，E-Learning 课程要设立受训员工反馈（如可以通过 BBS，聊天室、QQ 群与讲师互动等方式加强学习沟通），对于特别重要的 E-Learning 课程，还可以集中设立讲师集中答疑和沟通会。

4. 及时改进课程内容

企业要运用课程评估、满意度调查和座谈会等多种渠道反馈的信息，及时改进课程内容，不断提高课程内容吸引力。

如果 E-Learning 课程内容僵化一成不变，课程就会失去生命力和活力，当然 E-Learning 课程设置要紧密结合企业培训需求来开展，需求是随着时代发展而改变的，E-Learning 培训课程内容同样必须要与时俱进。

第十七章

培训战略规划

——站得高方能看得远

- 企业战略与培训战略什么关系？
- 企业生命周期与培训什么关系？
- 如何有效构建企业的培训地图？

本章导读

本书所有章节内容到此为止，所有培训的管理目标、流程和管理工具都已经做过详细的阐述，如果从第一章就阐述战略大家会感觉这本书内容太过于"高大上"或者感觉无法理解，那么从培训基层工作一步一步往上走，再看前面的章节内容，学习如何从公司战略全局审视培训工作，相信这是大家容易接受的。

17.1　企业战略与培训战略

俗话说"凡事预则立，不预则废"，人力资源所有管理模块必须和公司的发展战略相呼应，在制定清晰的人力资源管理战略基础上，制定清晰的人力资源培训规划，这样会使人力资源各项培训工作有章可循，并然有序。

人力资源规划从狭义角度指的是企业从战略规划和发展目标出发，根据其内外部环境的变化，预测企业未来发展对人力资源的需求，以及为满足这种需要所提供人力资源管理活动过程。广义角度是企业所有人力资源规划的总称。

人力资源规划按期限分为长期（5 年以上）、短期（1 年及以内），一级介于两者的中期计划。

所有培训战略规划和人力资源战略规划是一致的，是人力资源规划的一部分。

 小贴士

　　企业经营战略目标的具体内容请和企业高层沟通获取，重点包括短期战略、中长期战略等，作为 HR 培训负责人要深入研究。

员工培训规划是人力资源规划的重要内容，人员培养规划应按照公司的业务需要和公司的战略目标，以及公司的培训计划，分别确定各部门培训计划、一般人员培训计划选送进修计划等。

企业在制定培训规划之前，还要弄清本企业的业务特点，这样才能对症下药。

- 劳动密集型企业：劳动密集型企业的特点是工人数量众多、设备成本低、流水线标准化生产、产品具有同质性。因此，企业应当采用低培训成本战略，降低人工成本。但是，在具体实施过程中，要给两类工作人员重点培训，一类是管理人员，另一类是销售人员。
- 资金密集型企业：资金密集型企业的特点是操作人员少、设备贵重、工作精度高。熟练专业的工作人员对企业而言十分重要，如果他们操作设备的时候出现差错，就会给企业带来极大损失。因此企业应当对稀缺人才采用重点培训战略，而对其他不接触设备的配套人员安排常规化的培训。

• 知识密集型企业：技术型或知识密集型企业，如会计师事务所、律师事务所、管理顾问公司、IT 公司等，这些企业的员工都是知识工作者，对于知识型员工技能的培训要高度重视。

关于企业人力资源培训总体规划如表 17-1 所示：

表 17-1　人力资源培训总体规划

规划类别	□短期规划（_____年度）□中期规划（_____年度）□长期规划（_____年度）			
培训规划目标				
培训规划现状	目前实际现状： 主要问题（企业缺乏的能力）： 计划安排培训：			
培训规划	公司战略	培训支撑点 （企业能力差异）	主要规划	备注
具体工作计划				
计划类别	工作目标	具体实施计划		
培训总体计划				
培训渠道建设				
内部讲师建设				
培训需求管理				
培训机构合作				
培训方式改革				
培训预算				
……				

注意制定培训规划的几点原则：

1. **实事求是：** 没有人力资源总的工作规划作为指导，人力资源的各项工作计划也就成了无规则的管理。人力资源规划不是画大饼，也不是为了取悦公司领导，而是站在公司发展全局的角度对人力资源管理高瞻远瞩，做好管理布局，确保企业战略目标实现得到有效保证。

2. **客观分析：** 制定培训规划过程中必须深入研究并充分考虑内部和外部环境的变化和风险，包括内外环境的变化，为了更好地适应这些变化，在人力资源计划中应该对可能出现的情况做出预测和风险变化，最好能有面对风险的应对策略。

3. **双赢原则：** 规划要考虑企业和员工价值双赢，没有满意的员工就没有满意的客户，没有满意的客户，企业的发展无从谈起。如果人力培训规划只考虑企业的发展需要而忽视了员工的发展，则会有损企业战略发展目标的达成。

 小贴士

可以这么理解"计划的计划就是规划"，规划和计划相比更加粗线条，是根据企业总体战略目标给予有效支撑的部分。好的培训规划必须严格结合企业发展战略展开，紧密围绕企业为了实现战略目标需要哪些能力支撑，分析清楚企业缺乏的能力，以此作为培训需求引入点。

17.2　企业生命周期与培训

事实上，企业如同每个人，不同生命周期环境下对培训需求有不同的层次，如同每个人的需求层次符合马斯洛的"需求层次理论"一样，我们无法理解，一个企业连生存都成问题还提什么培训战略，还搞什么高大上的培训，这不符合管理常识和人性。

我们提到的生命周期和培训需求层次，核心目的是让 HR 管理者明白，企业处于不同生命周期，对于培训是有要求的，作为 HR 管理者要深入研究对企业所处生命周期最有价值的需求，只有这样才能和企业发展合拍，才不会偏离方向。

　　企业生命周期分为初创期、成长期、成熟期和衰退期四个阶段。在不同的阶段，培训战略的需求不同。关于企业生命周期培训需求层次见表 17-2 所示：

表 17-2　生命周期对培训的需求层次

生命周期	主要特征	培训侧重点
初创期	企业初创期以生存为重点，管理不规范	企业业务和销售培训为重点，同时要鼓励内部讲师培训，切实降低培训成本，此外初创期的培训一般凭领导感觉做决定具有随意性，没有明确的培训计划和预算支持，培训工作只是 HR 工作的一部分
成长期	企业规模快速扩张，管理逐渐规范	培训的目标是要推进管理变革，可以设立培训主管或经理专门负责培训，这个阶段要以管理和全员培训为重点，适度引入外部培训
成熟期	管理基本实现规范化，企业文化基本成形，培训管理相对稳定和规范	重点加强技能管理体系建设、课程内容体系建设、讲师队伍培养；重点加强中高层管理者的培训、推进管理改善、同时要加强内部讲师的规范化管理，推动企业建立以项目管理为核心的培训管理方式，力争实现培训工作精细发展
衰退期	企业的市场份额和盈利能力日渐衰退员工人心不稳	培训要侧重团队战斗力和执行力、沟通能力的培训。重点支持高管培训、业务培训和销售培训

17.3　构建企业的培训地图

　　企业经营都是真枪实弹的实战，既然培训战略规划是导向，那么战略规划要想落地，必须站在公司战略高度深入研究企业各项能力的差异，分析清楚能力差异的"地图"，才能精确制定好培训地图。

　　作为企业的培训主管经常会遇到以下困惑：我们每年都做培训需求调研，制订培训计划和预算，培训实施组织和课后学员评价都做了分析，培训管理制度也制定并且大力培训了，企业为了做好培训花了很大代价，包括外请培训师都做了，可为什么领导对公司的培训总是抱有意见，有时候甚至觉得培训流于形式没有什么效果呢？

导致上述问题的核心原因在于，企业所做的培训没有站在经营管理全局的高度来开展，有时候为了培训而培训，导致培训缺乏针对性。

制定企业"培训地图"的目的就是从企业经营战略高度，审视企业内部各种能力的差距，客观分析各个岗位培训目标，最终形成培训管理合力，实现企业战略经营目标。

大家都知道，在一个城市里有了地图就可以找到任何地方，地图是地球（或星球）在平面上的图形，更确切地说：地图是根据一定的数学法则，将地球（或星球）的自然现象和社会现象通过概括和取舍用符号缩绘在平面上的图形。此外我们都知道战争年代作战需要"军事地图"，这样在战斗中才能做到对地理位置知己知彼。

根据上述地图的概念，作为企业要想做好培训，必须对企业的能力差异做到心里有数，差异就是需求，能力差异就是目标的导向图。

关于企业培训地图，核心要点是分析出企业的核心能力差异，总体示意图如下：

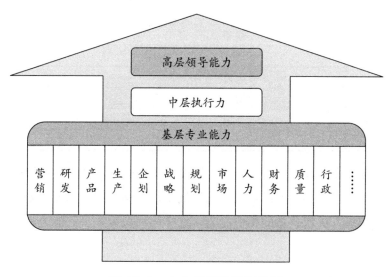

图17-1　企业培训地图示意图

为了做好企业培训地图，需要做好以下事情：

在决定企业核心能力的"核心三要素"中，主要包括战略决策、管理机制和人才，其中战略决策能力是企业最核心的能力。

1. 企业战略能力分析

企业的战略是导向，是指引全体员工前进的方向。企业战略往哪里指，那么培训的棋子就往哪里落下，通过有效的战略能力分析，就能有效分析出企业的能力差距。

在战略能力要求指引下的"岗位素质能力"发生变化后，我们将重点对其进行分析，分析出哪些岗位中的哪些能力最为核心和最为重要。然后将培训资源重点向这些核心能力的培养倾斜，只有这样才能起到培训支撑战略的效果。

《战略能力差异分析表》（见表 17-3）清晰分析了培训与战略的对应关系图：特别是在企业战略转型期这张表如果能够清晰画出来，势必对企业培训战略起到极大牵引作用。

表 17-3　战略能力差异分析表

战略	战略执行能力	支撑关键岗位族	岗位能力差异	培训需求
		营销		
		市场		
		产品		
		企划		
		研发		
		人力		
		财务		
		质量		
		……		

在企业发展过程中，由于处于不同发展阶段时，不同岗位层级的员工在能力要求上存在差异，因此根据不同发展阶段和岗位层级的要求差异，逐一划分每个层级人员应具备的相应能力，这样不同层级人员的能力就会呈现出层次性和连续性了。

2. 培训架构搭建

根据战略能力差异分析的结果可以构建企业培训课程架构。培训课程体系建设过程中，首先必须明确把企业内部有着相同工作性质以及相似工作能力要求的岗位集结起来（即岗位族）。接下来按照培训的类别划分为知识类、技能类、素质类及管理类。

结合企业发展战略和岗位素质模型最终形成二维矩阵框架。我们从框架中看到不同岗位族对应知识、技能、素养、管理类培训课程体系。

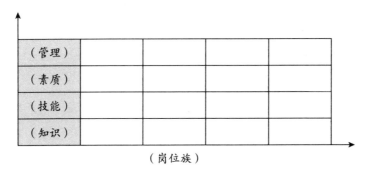

图 17-2　企业培训架构示意图

3.培训需求提炼

培训需求的提炼是最关键的一步，通过有效的培训需求调研，特别是在上述培训框架体系下精心设计培训需求调研（这样会有足够针对性），完成企业各个岗位的培训需求。见表 17-4 所示：

表 17-4　岗位培训需求

岗位名称		
需求调研点	主要需求	需求迫切程度
知识（通用）		
知识（专业）		
技能（通用）		
技能（专业）		
素质（通用）		
素质（专业）		
管理（通用）		
管理（专业）		

基于上述培训需求调研我们才有了编制《企业培训计划》的依据。

在提炼培训需求时需要注意两点：

（1）有些能力尤其是核心能力并非一堂课程、一次培训就能解决的，往往需要一系列具有连贯性和阶段性的培训去培养才能起到一定效果；

（2）不要期望全部培训需求都能覆盖：公司级培训重点解决核心岗位中的核心能力的成长需求，部门开展的培训多数针对岗位专业技能，不同培训需求由不同层次来满足。

4. 课程开发与管理

年度培训计划的内容主要有两个，第一个是课程开发计划，第二个是培训实施计划。课程开发计划需要考虑培训需求的紧急重要程度，紧急重要程度高的培训需求在课程开发计划中提前进行，争取早开发早实施。

在清晰定义课程开发计划的时间节点之后，我们就可以很快完成培训实施计划。同时将课程体系成果展现出来的重要途径就是培训的组织实施落地，以此完成培训实施计划中的每一次具体培训，并有效评估其结果是否达到培训目标，最终要完成闭环管理。

5. 员工日常"学习地图"管理

企业为了达到有效的培训效果，对于一些日常需要员工持续坚持的学习内容（注意：非正规培训内容），需要从培训地图分解到员工的职业通道中的"学习地图"，围绕着员工能力发展路径和职业规划，设计一系列日常员工自觉学习的内容（这种需要持续学习的内容可以通过购买书籍、E-Learning 等方式辅助实现）。

通过"学习地图"，员工可以找到其从一名进入企业开始的新员工直至成为公司高层管理者的学习发展路径，通常"学习地图"中拥有很多种学习路径：如专业技术的学习路径、营销类学习路径、专业类学习路径以及管理类学习路径等。在这些学习活动中既包括传统的课程培训，也包括其他的诸多新兴学习方式，如行动学习、在线学习，等等。

第十八章

名企培训案例分享

——他山之石，可以攻玉

- 名企培训管理 6 大特征
- 名企培训经典案例分享

本章导读

俗话说"他山之石，可以攻玉"，通过借鉴国内外优秀企业培训经验可以认真反思自身企业培训的局限性和不足，帮助各级培训负责人研究适合企业自身特色的培训体系。

需要特别说明的一点是，企业规模不同对培训的重视程度也不同，这是管理的现实，但是这些好的经验值得各位同人认真分析并且有借鉴参考，一旦企业有这样的实力 HR 管理者可以把这些好的做法逐步变成管理的实践，相信这种循序渐进的做法也是公司培训管理水平持续提升的过程。

18.1　名企培训主要特征

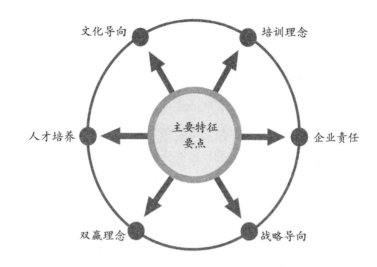

图 18-1　名企培训管理的六大特征

【特征 1】培训理念差异

名企在培训理念上典型特征是"员工培训是投资而不是成本，员工培训更不是福利"。

这个概念在名企里绝非口号，而是通过全面务实的培训规划、培训计划和配套的预算支持落实在具体培训工作中。企业的培训目标是要把员工培养成职业运动员，对于培训的投资不能看成福利投资，否则就会失去培训的目的。

➡ 需要特别说明的是，这些名企为了提升培训效果，一般都设立专门的培训部或专业的培训团队来执行公司的培训，一般中小公司设立个培训主管或培训经理就相当不错了，所以在人力、物力等培训投入上，这些名企的投入一般都是大手笔，是很多中小企业无法比拟的。

【特征 2】企业责任

很多名企在培训管理上基本思想是"培训员工是企业的责任，不仅仅是HR 部门的责任"。

企业培训体系越健全，员工掌握技能越高，从而对企业发展也就越有利，这是一个良性互动的过程，丰富的培训体系无形中提高了员工对企业的忠诚度和吸引力。

【特征 3】战略导向

战略导向的典型特点是"培训服务于企业发展战略",即员工培训体系必须以企业发展战略为基础,战略目标分解到人力资源战略目标和具体的培训规划、培训实施计划,通过层层分解将培训化为支撑企业发展战略的一环。

【特征 4】双赢理念

将员工培训与职业生涯规划紧密结合,企业培训如果不能切实考虑员工的职业生涯发展需要,或两者关系不大,则会失去员工的参与和支持,很多名企建立完善的任职资格管理体系,这些任职资格是针对不同职能等级所确立的能力标准和行为标准,规定了从事某一种任职角色必须具备的知识、经验、技能、素质,为员工的职业生涯规划提供了制度上的保障。

【特征 5】人才战略

企业的各种培训与人才培养战略相结合,企业发展战略总是与企业现有的人力资源存在差距,解决这种矛盾主要有两种形式:一是按战略要求及时引进"短缺人才",二是依靠强大的培训开发系统,企业自行培养所需人才,而通过持续有效的人才培养体系是重点。

【特征 6】文化导向

名企的培训紧密联系企业文化建设来开展,名企的学习型文化也同样体现在员工培训中,并得到员工培训的支持。

名企培训的成功经验表明,培训和学习是企业的主要动力,对现在的知识型经济而言,一个企业最终的竞争优势在于一个企业的学习能力和执行力,只有通过有目的、有组织、有计划的培训和人才培养机制,不断更新和完善企业人才的知识和能力结构,才能应对经济社会发展层出不穷的挑战。

18.2 名企培训案例分享

名企的培训特征刚才我们提炼总结过,那么这些名企的培训都有哪些特色值得我们学习呢?以下案例仅供大家开阔培训视野,大家可以研究参考。

➡ **友情提示：**每个企业所处行业、生命周期和实力不同，不要机械照搬。

【培训案例分享1】华为的培训体系

• 企业简介：

华为是全球领先的信息与通信解决方案供应商，短短十几年的时间里从一家立足于中国深圳特区，初始资本只有21000元人民币的民营企业，稳健成长为年销售规模突破2000多亿人民币的世界500强公司。华为是中国民族通信产业的一面旗帜。

• 培训特色：

提到华为，人们总是会想到其倡导的"狼性文化、军事化管理和对自主技术的大量投入与研发"，但实际上，华为建立的一整套专业化的管理体系和流程，作者搜索的素材其实只是华为培训体系的冰山一角（希望能有作者专门出版华为的培训专著）。

华为素有IT界"黄埔军校"的盛誉，华为培养出来的员工在为华为创造出"爆炸式"高速成长奇迹的同时，华为培养的员工也成了通信业各大企业争相追逐的对象，很多企业都喜欢来自华为的员工，工作1—2年的华为员工，大多数都接到过猎头公司的电话。中国人民大学教授、著名人力资源管理与管理咨询专家彭剑锋认为"在他所接触到的中国本土企业中，华为是在人力资源培训开发方面倾注热情最大、资金投入最多的公司"。

《华为基本法》第9条写道："我们强调人力资本不断增值的目标优先于财务资本增值的目标。"第73条第1款写道："我们将持续的人力资源开发作为实现人力资源增值目标的重要条件。实行在职培训与脱产培训相结合，自我开发与教育开发相结合的开发形式。"

为达到这样的目标和规范，华为建立了完善的员工培训体系，为员工创造了丰富的学习机会和良好的知识共享氛围。

总结起来华为的培训体系具有这样的几个特点：

1.培训规模和体系完善

华为建立了一个全球性培训中心网络，对全球数万名员工进行培训。目前华为的 30 多个海外培训中心覆盖拉美、亚太、中东北非等地区。在国内除了位于深圳培训总部外，华为在北京、广州、南京、昆明、杭州和重庆等地都建立了区域培训中心。

华为培训体系是一个"分类分层、系统完善"的体系，包括新员工培训系统、管理培训系统、技术培训系统、营销培训系统以及专业培训系统和生产培训系统。

2. 培训方法和手段多样化

华为培训包括有职培训和脱产培训，包括"华为大学"在内的华为全球培训中心为员工提供了众多培训课程，培训广泛采用了课堂教学、案例教学、上机操作、工程维护实习、多媒体培训、小电影演示培训等教学手段，并逐步发展基于 Internet 和电视网络远程教学，使学员无论何时何地均可得到公司系统化和规范化的培训。

3. 规范的导师培养制度

华为建立了一套有效的导师制度，每位新员工到岗后，部门都会安排一位资深员工作为其导师，在工作生活等方面为其提供帮助和指导，以助新员工尽快适应华为。在新员工成为正式员工的 3 个月里，导师要对新员工的绩效负责。同时华为建立了内部学习共享平台，该平台包含丰富的业务资料信息、案例和社区栏目等，为公司员工提供了便捷的在线知识共享和合作平台。

4. 培训内容广而专

华为的培训内容涉及众多领域，以岗前培训为例，为了帮助新员工尽快融入华为，华为大学对新员工进行企业文化、组织流程、产品知识、营销技巧等多方面培训。此外，华为为不同职业资格和级别的在职在岗员工制订了不同的培训计划，有针对性地对员工进行技术、管理培训，为每个员工的事业发展提供有力的帮助。

为适应国际化发展战略，公司要求广大员工学英语懂英语，各体系和各部门要根据自身业务状况，推出相应举措和办法，包括联系外语培训机构开展集中培训、开办英语角、引进托业考试、开发专业英语学习小册子、开展海内外员工轮换交流活动，等等。

5. 培训质量保证

华为培训体系聚集了一流的教师队伍、教学技术和教学环境，拥有专、兼职培训教师数千名。这些教师都经过了严格的程序评估和筛选。他们中间既有资深培训师，也有经验丰富的华为专家和工程师，这是员工通过培训获得工作相关知识技能的保障。此外华为还定期特邀业内权威专家及知名大学资深教授前来授课，以保证公司总处在最新技术、业务及管理科学发展的领先地位。

6. 华为的新员工培训更有特色，以下为网传热门文章《华为新员工入职 180 天详细培训计划》，仅供各位分享：

【题记】新员工入职后 6 个月的培养周期往往体现出企业对于人才培养的重视程度，但许多企业往往只将重点放在前 15—30 天，导致新生代员工的离职率高峰出现在入职第 6 个月到 1 年内，让企业损失大量的成本，如何快速提升新员工的能力，取决于前 180 天企业管理者做了什么。本文分享了华为新员工入职 180 天的详细培训计划，值得借鉴。

第 1 阶段：新员工入职，让他知道是来干什么的（3—7 天）

为了让员工在 7 天内快速融入企业，管理者需要做到以下 7 点：

1. 给新员工安排好座位及办公用品，介绍位置周围的同事相互认识（每人介绍的时间不少于 1 分钟）；

2. 开一个欢迎会或聚餐介绍部门里的每一人，让部门成员相互认识，让新员工快速融入工作环境里；

3. 新员工直接上司与其单独沟通：让其了解公司文化和发展战略等，并了解新人专业能力、家庭背景、职业规划与兴趣爱好；

4. 人力资源主管告诉新员工的工作职责及给自身的发展空间及价值；

5. 直接上司明确安排第一周的工作任务主要包括：每天要做什么、怎么做、与任务相关的同事部门负责人是谁；

6. 对于日常工作中的问题及时发现及时纠正（不作批评），并给予及时肯定和表扬（反馈原则），检查每天的工作量及工作难点在哪里；

7. 让老同事（工作1年以上）尽可能多地和新人接触，消除新人的陌生感让其尽快融入团队。关键点是一起吃午饭，多聊天，不要在第一周谈论过多的工作目标及给予工作压力。

第2阶段：新人过渡，让他知道如何能做好（8—30天）

工作环境的转变往往是痛苦的，但又是必需的，管理者需要用较短的时间帮助新员工完成角色过渡，下面提供五个关键方法：

1. 带领新员工熟悉公司环境和各部门人，让他知道怎么写规范的公司邮件，怎么发传真，电脑出现问题找哪个人，如何接内部电话等；

2. 最好将新员工安排在老同事附近，方便观察和指导；

3. 及时观察其情绪状态，做好及时调整，通过询问发现其是否存在压力；

4. 适时把个人的经验及时教给他，让其在实战中学习，边学边干；

5. 对其成长和进步及时肯定和赞扬并提出更高的期望。

第3阶段：让新员工接受挑战性任务（31—60天）

在适当的时候给予适当的压力，往往能促进新员工的成长，但大部分管理者却选了错误的方式施压。

1. 知道新员工的长处及掌握的技能，对其讲清工作的要求及考核的指标要求；

2. 多开展公司团队活动，观察其优点和能力，扬长避短；

3. 犯了错误时给其改善的机会，观察其逆境时心态，观察其行为，看其培养价值；

4. 如果实在无法胜任当前岗位，看看是否适合其他部门，多给其机会，管理者很容易犯的错误就是一刀切。

第4阶段：建立互信关系（61—90天）

管理者很容易吝啬自己赞美的语言，或者说缺乏表扬的技巧，而表扬一般遵循三个原则：及时性、多样性和开放性。

1. 当新员工完成挑战性任务，或者有进步的地方及时给予表扬和奖励；

2. 多种形式的表扬和鼓励，多创造不同的惊喜感，表扬鼓励的多样性；

3. 向公司同事展示下属成绩，并分享成功的经验，表扬鼓励的开放性。

第5阶段：让新员工融入团队（91—120天）

对于新生代员工来说，他们不缺乏创造性，更多的时候管理者需要耐心的指导他们如何进行团队合作，如何快速融入团队。

1. 鼓励下属积极踊跃参与团队会议并在会议中发言，当他们发言之后作出表扬鼓励；

2. 对于激励机制、团队建设、任务流程、成长、好的经验要多进行会议商讨和分享；

3. 与新员工探讨任务处理的方法与建议，当下属提出好的建议时要去肯定他们；

4. 如果出现与旧同事间的矛盾或纠纷等要及时果断处理好。

第6阶段：赋予员工使命适度授权（121—179天）

3个月后，新员工一般会转正成为正式员工，随之而来的是新的挑战，当然也可以说新员工真正成了公司的一分子，管理者的任务中心也要随之转入以下5点：

1. 帮助下属重新定位，让下属重新认识工作的价值、工作的意义、工作的责任、工作的使命、工作的高度，找到自己的目标和方向；

2. 时刻关注新下属，当下属有负面的情绪时要及时调整，要对下属的各个方面有敏感性；当下属问一些负面的或幼稚的问题时要转换方式，从正面、积极的一面去解答他的问题；

3. 让员工感受到企业的使命，放大公司的愿景和文化价值、放大战略决策和领导意图等，聚焦凝聚人心和文化落地、聚焦方向正确和高效沟通、聚焦绩效提升和职业素质；

4. 当公司有什么重大的事情或者振奋人心的消息时，要引导大家分享；

5. 开始适度放权让下属自行完成工作，让其发现工作的价值与享受成果带来的喜悦，放权不宜一步到位。

第7阶段：总结并制订发展计划（180天）

6个月过去了，是时候帮下属做一次正式的评估与发展计划，一次完整的绩效面谈一般包括下面的六个步骤：

1. 每个季度保证至少 1—2 次 1 个小时以上的正式绩效面谈，面谈之前做好充分的调查，谈话做到有理、有据和有法；

2. 绩效面谈要做到：明确目的；员工自评（做了哪些事情，有哪些成果，为成果做了什么努力、哪些方面做得不足、哪些方面和其他同事有差距）；

3. 领导的评价包括：成果、能力、日常表现，要做到先肯定成果，再说不足，在谈不足的时候要有真实的例子做支撑；

4. 协助下属制定目标和措施让他做出承诺，监督检查目标进度，协助他达成既定目标；

5. 为下属争取发展提升机会，多与他探讨未来的发展，至少每 3—6 个月给下属评估一次；

6. 给予下属参加培训的机会，鼓励他平时多学习多看书，每个人制定出学习地图和职业成长计划，分阶段去检查。

第 8 阶段：全方位关注下属成长（每一天）

关注新下属成长的每一天：

1. 关注新下属的生活，当他受打击、生病、失恋、遭遇生活变故、心里产生迷茫时多支持、多沟通、多关心、多帮助；

2. 记住部门每个同事生日，并在生日当天部门集体庆祝；记录部门大事件和同事的每次突破，给每次的进步给予表扬和奖励；

3. 每月举办一次各种形式的团队集体活动，增加团队的凝聚力，关键点在于坦诚、赏识、感情和诚信。

 小贴士

上述文章摘自网络文章，仅供分析参考借鉴，华为是一家非常了不起的公司，感兴趣的读者可以搜索更多有关华为培训体系的内容。

【培训案例分享 2】惠普

• 企业简介：

惠普公司（Hewlett-Packard，简称 HP）总部位于美国加利福尼亚州的帕罗奥多，是一家全球性的资讯科技公司，主要专注于打印机、数码影像、软件、计算机与资讯服务等业务。惠普下设信息产品集团、打印及成像系统集团和企业计算及专业服务集团。

• 培训特色：

惠普公司的培训体系有着悠久的历史，长期以来使惠普在业界保持着很好的口碑和声誉，被形象地比喻为一所"没有围墙的大学"。惠普开设的积极向上的培训措施，使得无论身在惠普，还是离开惠普的员工，都受过很多的产品知识、公司知识、各种技巧知识的培训，以及各种专业的培训，他们都对惠普存有感激之情。

• 惠普培训体系结构：

学习发展部（Learning & Development）是中国惠普公司负责培训的部门，负责制订面向中国惠普公司员工的培训计划。

惠普培训体系分为三个层次：包括公共平台培训（CORE）、专业平台培训（BUSINESS）以及领导力培训。

1. 公共平台培训

在 CORE 里分成很多不同的课程，如 NEO "新员工定位（New Employee Orientation）"培训，惠普会为新员工做公司整体框架的全面介绍，使他们在第一时间充分了解公司的愿景、使命和战略方向；新员工必须参加的商业道德（SBC）培训将告诉新员工什么事情可以做，什么事情不能做。CORE 里还有很多不同的内容，如怎么和人打交道，就是沟通技巧。另外，惠普通过自己开发和购买第三方培训课程，在内部网上放置数千门网上课程供员工学习，每名员工都可申请学习这些课程，而课程的费用统一由惠普学习发展部支付。

学习发展部同时要随时选择及更新这些网上课程，保持高度的全球同步性，也保证惠普公司全球员工用同一种声音面对客户和合作伙伴。在这里，惠普公司员工可以学到诸如演讲技巧、自我激励、项目管理、时间管理等方面的课程。惠普会结合每个员工的职业特点安排不同的培训内容。

2. 专业平台培训

专业平台的培训与惠普各个业务部门（BU）相关的培训，包括产品、销售、市场、服务、研发等。惠普对与业务部门相关的培训相当重视，每年会投入很多培训资源用于业务部门员工的培训和发展，其中尤其以销售培训最受重视。惠普有一个 70-20-10 培训法则，70% 是员工在业务项目中获得的实战培训；20% 是通过导师指导、团队互助等方式获得的培训，称为关系培训；10% 是通常意义的培训，如读书、网上学习和面对面培训等。

惠普注重实战培训，当公司对员工赋予一项挑战性的任务时，这本身就是培训，对员工形成激励使他不断发展，这也是对惠普"工作是最好的培训方式"理念最好的诠释。惠普针对销售人员的培训课程非常多课程量也非常大，其中，"卓越销售培训（Sales Excellence）"是专业平台培训的代表，它将致力于打造出一支惠普全球的精英销售团队。

3. 领导力培训

如果员工在销售、市场或技术工作上获得了长足发展，而希望转为经理人，惠普则有针对各个级别经理人的培训计划，如惠普的"狮子计划"、惠普高级经理人学习俱乐部等，都对惠普培养经理人的领导力起到了重要作用。每年中国惠普都会派遣各种类型的经理人到惠普全球分公司工作，期满回国后，他们又成为中国惠普的中坚力量。这些积极向上的培训措施，使得无论身在惠普，还是离开惠普的职业经理人，都对惠普存有感激之情，惠普也因此被美誉为"中国 IT 黄埔军校"。

另外，惠普对刚进入公司的应届毕业生提供的培训也值得关注，这是一个为期 3—4 个月的培训计划。这样的完整计划能够让一点工作经验都没有的学生，在几个月的时间之内，通过学习公司的文化和背景，通过学习各种各样的产品知识，通过各种各样的惠普的内部机构以及内部的流程的学习，来熟悉整个惠普，包括惠普的业务的特定内容和产品的特定内容等复杂的知识。

从公司的角度来说非常清楚，实际上培训的安排和员工进入公司的时间是有直接关系的。刚进入公司的时候应该受到什么样的培训，进入公司一个阶段以后应该受到什么样的培训，如果到公司一定时间后进入了经理团队，应该又有什么样的培训。在公司的组织机构方面，在架构上的设计方面，这些都是非常清楚的，没有任何的缺失或者断层的东西。所以，员工进来以后，会得到非常优秀的培训体系的关照。

惠普特色培训课程

• NEO（新员工定位）

惠普公司的培训已经分工到非常细的地步，如每名进入惠普的新员工，必须要做"新员工定位"培训。这是一个为期 2 天的培训课程，惠普会为新员工做公司整体框架的全面介绍，使他们在第一时间充分了解公司的愿景、使命和战略方向。这个培训都是每名员工必须参加的，如果不参加或是出现迟到现象，都会上报到公司的最高管理层，学习发展部会对该员工发出警告信进行惩罚，严重情况还可能使该员工失去工作。

• SBC（商业道德规范）

惠普还有一个培训叫商业道德 SBC 培训，这个培训告诉新员工什么事情可以做，什么事情不能做，让员工在日常工作中用最高的商业首选标准来约束自己。惠普认为一个企业如果对员工没有严格的道德规范要求，就不可能成为受人尊重的企业。诚信和正直是惠普对员工最重要的一项考评标准，接受过这个培训后，每个人在做事时必须时刻牢记公司的商业首要要求，遇到拿不准的地方就要去检查一下。这个培训也是要求每名员工必须参加的，如果不参加或是出现迟到现象，受到的处罚会与 NEO 培训处罚相同。

• Sales Excellence（卓越销售培训）

"卓越销售培训"是惠普公司针对全球顶尖销售人员的培训，对象包括售前、销售和市场人员，旨在打造出一支惠普全球的精英销售团队，更好地服务客户。这套培训是惠普全球同步的，使用的都是最新的课程设计，也就是说，中国惠普的销售人员可以和惠普全球的同事一起接受"卓越销售培训"。

"卓越销售培训"有非常成型的课程设计体系。首先，参加培训的销售人员要做角色定位。第一步是机器问答，系统中有 180 多档的测试题目，通过销售人员的回答来评估他的行为能力和业务能力。为避免机器问答的单一性，第二步销售人员还要与他的经理进行一对一的问答，列出需要改进的方面。第三步则是将以上两步的结果综合分析，每名销售人员都会得到一份个人发展计划表，在这个表中，会详细列出销售人员哪些方面强，哪些方面弱，以及需要改进的方面。其次，"卓越销售培训"会生成全面的能力评估模型，为参加培训的销售人员做进一步的评估，如对于销售经理，能力评估模型会评估他究竟具备什么样的能力——如业务管理能力、人员管理能力、行业知识能力、公司知识能力等，且他的这些能力在现阶段处于什么水平。可见，惠普的"卓越销售培训"并不是一味地将知识灌输给销售人员，而是先要根据销售人员的实际情况进行分析和评估，之后定制化地实施培训。

- Lion（狮子计划）

为了在国内员工中培养出更多的国际化职业经理人，作为企业领导团队的预备队，中国惠普专门制订了"狮子计划"。根据这个经理人培训计划，中国惠普每年都会选择有潜力的员工，进行领导力和管理能力的培养。"狮子计划"由惠普总裁亲自挂帅，在每一次的培训过程中，中国惠普核心管理团队成员都要参与、指导分组讨论，并现身说法，与参加培训的员工分享自己职业生涯和领导力心得。

在选择出那些具有领导和管理潜力的员工后，"狮子计划"会根据培训对象的特点设计不同课程，使员工进入经理人的准备阶段。在此期间，公司会为每名员工指派一位资深经理人作为导师，进行一对一的指导。另外，还经常邀请各界成功人士与员工进行面对面的交流，开拓他们的视野。"狮子计划"还有一套新的培训内容，如怎样管理团队、如何为员工做评估等，使其更好地适应角色转换。"狮子计划"会随时关注经理人的成长和发展，随着经验积累、能力增长，有可能做高级经理人时，培训内容就侧重策略制定等方面，因为他们的决策通常对公司的发展有很大的影响。

在中国惠普，你还会发现一个有趣的现象，几年前还只服务于惠普中国业务的经理人，现在已经在支持海外业务，甚至支持惠普全球业务的也不在少数。每年中国惠普都会派遣各种类型的经理人到惠普全球分公司工作，期满回国后，他们又成为中国惠普的中坚力量，为中国惠普保持与美国惠普几乎一致的企业文化和管理制度做出重要的贡献。

全方位的培训体系能够让惠普留住优秀人才。在惠普看来，员工培训是投资而不是成本。如果把培训看成花钱的地方，自然是成本越低越好，如果把培训看成投资，投资将来肯定会有回报。所以，看这个问题的时候角度是非常不一样的。如果说今天能够看得到人才对于这家公司有多重要，就会设定一整套配套的体系结构来设法留住最优秀的人，而不是留住那些普通的或者庸才。许多人跳槽不是因为公司糟糕，而是因为在公司里得不到很好的发展机会，或者没有得到很好的机会，真正地谈到工资的时候，都是第三位、第四位的原因。

完善的培训体系还为惠普人才更替带来良性循环。一个经理人做到什么程度才是真正的成功呢？是优秀的业绩还是给公司带来的利润？惠普认为这些是远远不够的。惠普看重的是当他离开这个岗位的时候，有一个人能够马上有足够的能力来接替他的工作，即经理人要找到合格的接班人；另外更要看他给他的团队是否留下了优秀的业绩，只有做到这两点，才是一个成功的经理人。同样，这个经理人之上也有他的经理人，有他自己发展的计划，这样一层一层上来，惠普所有的经理人都在这个良性循环的体系当中。

惠普公司的培训是以实战经验为主的培训，进了惠普，就等于进了一所"没有围墙的大学"，惠普希望自己的员工可以在知识、技能等方面不断提升，这样做出的产品才能让客户满意。员工素质是完整产品的一个重要组成部分，如果核心产品的价值与竞争对手不相上下，那么员工素质高了，企业的完整产品价值就会提高，赢得客户的机会就会大些。所以员工培训对企业来讲，是一举多得的事情。

（上述资料来源《赛迪网》，上述内容只是惠普培新亮点的冰山一角，作者不详）

【培训案例分享3】宝洁公司

● 企业简介：

成立于1837年的美国宝洁公司是当前世界上名列前茅的日用消费品制造商和经销商，全球雇员10多万人。宝洁公司在全球100多个国家设有工厂及分公司，所经营的300多个品牌的产品畅销160多个国家和地区，其中包括洗发、护发、护肤用品、化妆品、婴儿护理产品、妇女卫生用品、医药、食品、饮料、织物、家居护理及个人清洁用品。

• 培训特色：

宝洁公司的一位前任董事长 Richard Deupree 曾说："如果你把我们的资金、厂房及品牌留下　把我们的人带走，我们的公司会垮掉，相反如果你拿走我们的资金、厂房及品牌而留下我们的人，十年内我们将重建一切。"

作为一家国际性的大公司，宝洁有足够的空间来让员工描绘自己的未来职业发展蓝图，宝洁公司是当今为数不多的采用内部提升制的企业之一，员工进入公司后宝洁就非常重视员工的发展和培训，通过正规培训以及工作中直线经理一对一的指导，宝洁员工得以迅速地成长。

宝洁的培训特色就是：全员、全程、全方位和针对性。

• 全员：全员是指公司所有员工都有机会参加各种培训，从技术工人到公司的高层管理人员，公司会针对不同的工作岗位来设计培训的课程和内容；

• 全程：全程是指员工从迈进宝洁大门的那一天开始，培训的项目将会贯穿职业发展的整个过程，这种全程式的培训将帮助员工在适应工作需要的同时不断稳步提高自身素质和能力，这也是宝洁内部提升制的客观要求，当一个人到了更高的阶段需要相应的培训来帮助成功和发展；

• 全方位：全方位是指宝洁培训的项目是多方面的，也就是说公司不仅有素质培训、管理技能培训还有专业技能培训、语言培训和电脑培训等；

• 针对性：针对性是指所有的培训项目，宝洁会针对每一个员工个人的长处和待改善的地方，配合业务的需求来设计，也会综合考虑员工未来的职业兴趣和未来工作的需要。

公司根据员工能力的强弱和工作需要来提供不同的培训，从技术工人到公司的高层管理人员，公司会针对不同的工作岗位来设计培训的课程和内容，公司通过为每一个雇员提供独具特色的培训计划和极具针对性的个人发展计划使他们的潜力得到最大限度的发挥。

宝洁把人才视为公司最宝贵的财富，重视人才并重视培养和发展人才，是宝洁公司为全世界同行所尊敬的主要原因之一，公司每年都从全国一流大学招聘优秀的大学毕业生并通过独具特色的培训把他们培养成一流的管理人才，宝洁为员工特设的 "P&G 学院" 提供系统的入职、管理技能和商业技能、海外培训及委任、语言、专业技术培训。

（上述资料来自网络，作者不详）

【培训案例分享4】可口可乐：员工培训是圣经

● 企业简介：

著名的可口可乐公司（Coca-Cola Company）成立于 1886 年 5 月 8 日，总部设在美国乔亚州亚特兰大，是全球最大的饮料公司，拥有全球 48% 市场占有率以及全球前三大饮料的二项（可口可乐排名第一，百事可乐排名第二，低热量可口可乐排名第三），可口可乐在 200 多个国家拥有 160 多种饮料品牌，包括汽水、运动饮料、乳类饮品、果汁、茶和咖啡，亦是全球最大的果汁饮料经销商。

● 培训特色：

重视员工培训，正是可口可乐这家传统饮料公司之所以能够长盛不衰的一个重要原因。培训人才已成为可口可乐经营理念的一部分。

风行全球 110 多年的可口可乐公司是全世界最大的饮料公司，也是软饮料销售市场的领袖和先锋。其产品包括世界最畅销 5 大名牌中的 4 个（可口可乐、健怡可口可乐、芬达及雪碧）。产品透过全球最大的分销系统，畅销世界 200 多个国家及地区。

重视员工培训正是这家传统饮料公司之所以能够长盛不衰的一个重要原因。可口可乐人事部 Claudia 说："可口可乐是一家培养人才的公司，生产碳酸饮料只不过是我们的副业。"

员工能不能发挥其能力，有没有忠诚度，关键在于培训。据了解，可口可乐系统的培训是经常性、全员性、广泛性的，其目的是让人人都感觉到这是个大家庭，除了工作奉献外，还能促进个人成长。其作用也是持久而有效的，能让人终身受益。

1. 给员工足够的培训机会

培训人才已成为可口可乐经营理念的一部分。在中国各地都有训练中心、管理学院，对不同等级、不同岗位的员工给予不断的训练。

在可口可乐重要的一点是让员工觉得自己有机会学到很多东西，有很多培训发展机会。一般来说，员工总是期望和考虑公司给自己提供更多机会，但有时机会并非外人给予，是靠自己设计和创造的。因此个人首先应确定一个清楚的目标和计划，然后一步步走下去，这才会得到更好的发展。

培训的动机从哪里来？可口可乐公司有一个哲学：看市场是看有没有什么工作还没有做好，有什么机会还没有利用到，就这样一个思想令整个培训系统不断在前进。换言之，市场上需要培训什么就培训什么。

2. 培训实行分级制

在可口可乐公司，培训也分为高、中、低三级。高层员工的培训主要是以总部培训发展组提供的培训项目为主，如每年挑选一些高级经理去清华大学接受外国教授一个月的培训。对中层员工的培训则主要侧重于他们掌握新的管理知识、新的技能，优秀者去相关大学培训一个月。至于一般员工则侧重于本职岗位的专业技能培训，在培训中主要抓住潜力好、能力强的员工进行重点培训，这些培训主要是多提供给他们一些新领域的知识与技能，以达到升职后工作岗位的需求。而企业中层的重点员工与基层的重点员工，一般来说是企业培训的重点，公司会集中资源对他们进行强化培训。

在业务技能的培训上，可口可乐系统的培训是经常性、全员性的。例如，对于新的业务员，由老的业务骨干（业务主任、经理）在本单位内定期或不定期进行业务培训；对于老业务骨干（业务主任、经理）则分批到上层管理部门（称为"可口可乐管理学院"）参加培训，不断从实践的总结和理论的指导上提高业务技能。

3. 分享系统培训经验

可口可乐系统本身是全球性的，可口可乐也派送员工到美国总部，跟其他同事学习交流；到香港可口可乐中国地区办事处总部培训；还有很多国家都有不同的销售人员、市场人员、人力资源人员、公关人员，有很多交流机会，使整个系统内经验分享是持续坚持的事情。

可口可乐也许是全球最重视文化建设并且是文化建设最成功的企业之一，

其文化不但已成为美国文化的象征，甚至有成为全球文化象征的趋势。这正是可口可乐目前努力希望达到的目标之一。

（上述资料来自网络，作者不详）

【培训案例分享 5】GE 领导力发展体系

- 企业简介：

GE（通用电气）是一家多元化的科技、媒体和金融服务公司，致力于为客户解决世界上最棘手的问题。GE 产品和服务范围广阔，从军火、飞机发动机、发电设备、水处理和安防技术，到医疗成像、商务和消费者金融、媒体，客户遍及全球 100 多个国家，拥有 30 多万名员工。GE 公司的历史可追溯到托马斯·爱迪生，他于 1878 年创立了爱迪生电灯公司。1892 年爱迪生通用电气公司和汤姆森 - 休斯顿电气公司合并，成立了通用电气公司（GE）。GE 是道·琼斯工业指数在 1896 年设立以来唯一至今仍在指数榜上的公司。

- 培训特色：

作为最成功的世界级企业之一，美国通用电气公司（GE）在员工培训与发展方面的探索与实践，堪称世界级典范。GE 的可持续发展，很大程度要归功于其高瞻远瞩且持之以恒的人才战略，归功于 GE 克劳顿培训中心（现称约翰·韦尔奇领导力发展中心）的成功实践。GE 克劳顿培训中心最有特色的项目是领导力发展体系。

GE 克劳顿培训中心创立于 1956 年，是世界上第一家大公司的商学院，位于纽约州哈得逊河谷。作为 GE 高级管理人员培训中心，有人把它称为 GE 高级领导干部成长的摇篮，而《财富》杂志称之为"美国企业界的哈佛"。克劳顿培训中心最早建立的第一个合作培训课程，为参加的团队领导者提供理论上的培训，目的是使每个人明白 GE 的业务是什么、业务怎样运行。

80 年代中期，GE 时任 CEO 杰克·韦尔奇认识到要改善领导力发展，需要建立一个有效的管道支持他的变革，于是对克劳顿村进行了大规模的改造。在所有部门削减成本的时候，GE 投资了 4500 万美元改善了克劳顿村的设施，并且对克劳顿村的目标、内容和方式进行了彻底的改革。

在韦尔奇对克劳顿村进行改造的过程中，他对新一代 GE 领导者提出了五点要求：

（1）变革组织：韦尔奇要求 GE 的领导者要能够创造性地摧毁和重建组织，包括重建组织的愿景和组织架构。

（2）开发全球的产品和服务战略：韦尔奇认为，GE 为了更加国际化，必须提供世界级的产品和服务，必须在产品和服务设计、制造、分销、市场营销等方面进行变革。为此，领导者必须：创造新的设计团队形式；发掘资源的新战略用途；推动世界级设计、服务和绩效标准。

（3）发展战略联盟：为了获得迅速发展，建立战略联盟是必然的选择。为此领导者必须拥有发掘和筛选潜在伙伴能力、谈判技能、合理设定合作条件能力、良好协调能力和资源整合能力。

（4）全球协调和整合：地理、政治和文化的多样性，需要良好的沟通和文化整合能力来实现组织的整合。

（5）全球化配置人员和开发人才：只有在全球范围内配置人力资源和开发人才，才能实现真正的全球化经营。

韦尔奇对新一代领导者的要求突出了"全球化"，这一新要求已经融入了克劳顿村的领导力开发的具体项目中。GE 领导力发展中心具有全球服务的功能，它在世界各地都聘有员工，将在克劳顿村所建立、推广的公司领导力发展系统（CLD）带到 GE 的全球网络中去。

公司领导力发展系统（CLD）的课程设置通过经常性的需求调查，通过公司的高层战略会议等收集信息，来决定自己的方向。由于这些系统和课程都是建立在对 GE 的 12 个主要业务需要的基础上的，又常常与 GE 的变革项目紧密联结，因此得到了各层领导人的支持。

90 年代以后，特别是最近五年，GE 的领导力发展向全球更大的范围延伸。2003 年在中国设立了教育培训中心。GE 在编排课程的时候试图做到课程在所有国家保持一致性。2001 年 9 月，该培训中心被重新命名为约翰·韦尔奇领导力发展中心。2002 年，伊梅尔特在长达 118 页的年度报告中说，在其他公司纷纷削减培训预算时，GE 增加了培训预算，并推出旨在培训新一代客户导向型领导人的商业领导者培训项目。纵观克劳顿村 60 多年的发展历程，可以看出它始终得到了公司最高层的厚爱，同时也为最高层战略实施发挥了巨大推动作用。

GE 极其庞大的人才培养体系将领导人的培养分五个阶段。

• 第一阶段：新员工领导力训练营（CELC I and II）

CELC（Corporate Entry Leadership Conference I and II）可以称为是新进人员领导力训练营。每年 2000 多名从校园招聘的大学生进入 GE，在入职的三个月内要到克劳顿村学习全球竞争（讲授如何在全球市场赢得成功），学习 GE 的战略，学习 GE 主动求变的价值观。其间，每个人还要经历 GE 价值观的考试。新进人员每 100 人分为一个大组，有执行层人员、辅导员和人力资源高级经理教授和带领这些新来的人员。

• 第二阶段：新任经理发展项目（New Manager Development Program）

每年有超过 1000 多名新任经理来到克劳顿村学习如何在 GE 从事管理和领导。通过领导力调查，他们从自己的直接上司那里获得自己领导力状况的反馈，并以此为根据制订针对性的领导力提升计划。这一阶段将学习新任经理人需要的人员管理软性技能，包括招募员工、评估部下绩效、开发和激励部属，还包括如何建设团队的技能等。

• 第三阶段：高级职能项目（Senior Functional Program）

这个项目为高级职能经理所设、他们来参加数周自己所属职能领域的领导力发展课程，内容包括市场营销、财务、信息系统、人力资源、工程与制造等。所有的培训计划都包括了变革项目，有的变革项目还要求参训者的高级直线经理（参训者的上司或主要客户）在克劳顿村待上几天一起攻克项目难题。对职能领域现实的改变和领导力的提升是这个阶段培训计划不可缺少的内容。

• 第四阶段：高级经理项目（Executive Program）

这个阶段实际上分 3 次在 5—8 年的时间内完成，每次包括一个 4 周的高级经理人项目。这些项目整合了户外领导力挑战体验项目、顾问团队项目和 CEO 项目。其中的业务管理课程（BMC）是采用行动学习法的一个典型项目。

• 第五阶段：执行层研讨会（Officer Workshop）

定期举行，参加人数在 20—30 人，就若干新的全公司范围内的问题进行数天的研讨。CEO 经常会积极参加这个活动。

（上述资料来自网络，作者不详）

【培训案例分享 6】三星的新员工培训

● 企业简介：

三星集团是韩国第一大企业，同时也是一个跨国的企业集团，三星集团包括众多的国际下属企业主要由三星电子、三星物产及三星生命等，被美国《财富》杂志评选为世界 500 强企业之列。

● 培训特色：

1. 高层对于培训非常重视

一般来讲，每次新员工的开幕式，负责该新员工所在部门的最高领导一定要参加并讲话。如果条件许可，还会经常请公司的最高领导来参加培训，中国地区的最高企业领导是社长。领导的重视，使下面负责培训组织的人员无法掉以轻心。所以一次培训经常是从两个月前就开始准备。这一点和国内的很多企业形成鲜明对比。国内企业高层领导很多时候根本就不来，这样组织者也不会感到紧张，通常会应付了事。

2. 注重细节与执行

从培训立项开始，要先进行计划的制订，然后从培训经理到上面的主管部门社长，经常就这个问题要开几次讨论会，讨论相关细节准备问题。所有的项目细节，如课程的设置，学员的食宿安排，培训场地的选择，各种印刷物的制作等都会列出详尽的时间进度表。并且所有的安排最后都汇总到一张预算表上。在培训前一天，培训经理和相关负责人会亲自到会场进行布置和检查，绝对不能应付了事。

3. 第一课永远是企业文化

新员工第一天接受的永远是企业文化课。三星的企业文化内容很多，有三星发展史及现状，三星新经营哲学（三星前会长李健熙的一套思想），三星的核心价值体系，还有不正教育（防腐败教育），企业文化不是干讲，还有生动的影像，这些影像教材很多是韩国总部制作后散发的。新员工们上完了企业文化课，会对三星有一个非常全面的了解，而且大多数都会受到震撼，产生一种自豪感。国内企业讲公司的企业文化，通常讲讲发展史，企业荣誉等，形式也较单一，这一和经费有关，二和重视程度有关。

4. 新员工培训如同拉练

新员工培训时间通常是两周。这两周的时间日程安排相当紧张。早晨有晨练，白天有课程或参观工厂，卖场实习，晚上还要讨论，写感想，写作业。有时小组晚上讨论到好晚才能交差。半个月封闭培训下来，基本被洗脑了。正如一位总监戏言："要让他们从进三星第一天开始，就要知道，进三星可不是那么容易的事。"

 小贴士

上述文章均摘自网络文章，这些资料只是这些名企培训的一个缩影和重视培训的写照。

名企最完整的培训学习资料网络不可能全部搜索到，大家可以通过网络搜索更多名企培训案例来自学。

上述案例仅供分析参考借鉴，各级培训管理者千万不要机械照搬，否则"邯郸学步"是没有任何意义的。

附：培训经理职业发展与自我修炼

谈到职业发展和人生规划，市面上有很多专业的人生规划教材，我这里想要说的是，人生必须规划，没有规划就会失去方向，感到彷徨和迷茫。

如果您无法清晰做好规划，那么首先要做的是选择好职业通道，具体在职业发展上可以"走一步看三步"，总之如果您对自己的人生目标不清晰，那么在职业发展上就会随波逐流。

【经典故事】

在美国有一个特别穷的穷小子身体非常瘦弱，小时候却在日记里立志长大后做美国总统，这个梦想对很多人来讲都是痴人说梦！

这个年轻人在成长历程中一直思索的问题是如何能实现这样宏伟的抱负呢？经过思索他拟定了一系列实现目标的路径：要做美国总统首先要做美国州长→要竞选州长必须得到雄厚的财力后盾的支持→要获得财团的支持就一定得融入财团→要融入财团最好娶一位豪门千金→要娶一位豪门千金必须成为名人→成为名人的快速方法就是做电影明星→做电影明星前得练好身体必须要有阳刚之气和个人魅力。按照这样的思路他开始行动了！

有一天当他遇到著名体操运动主席库尔后，他相信练健美是强身健体的好点子，他开始刻苦而持之以恒地练习健美，因为他渴望成为世界上最结实的汉子。三年后借着健美的肌肉和一身健康体魄他获得了好多项世界级"健美先生"称号。

22岁他踏入了美国著名的好莱坞。在好莱坞他花费将近十年时间利用自身优势塑造了百折不挠的硬汉形象并且在演艺界声名鹊起成为名人。当他电影事业如日中天时，与他的女友就是赫赫有名的肯尼迪总统的侄女相识并相爱。2003 年年逾五十七岁的他告老退出影坛，转而从政，成功竞选为加利福尼亚州第 38 任州长，他的下一个目标就是美国总统。

他就是大名鼎鼎的征服世界影迷的好莱坞明星：阿诺德·施瓦辛格。

"I will be back"是施瓦辛格的招牌台词，施瓦辛格还会继续竞选总统吗？2008 年 12 月，施瓦辛格接受美国"60 分钟"电视节目专访。他清晰地表露出自己的政治野心。"如果可以修改宪法允许外国出生的美国公民参加总统竞选的话，我'绝对'是想成为美国总统。"

有一句广告语叫"只要你想"，我这里要强调的一句话是"只要你敢想"。

因为你的今天是过去梦想的延续，如果在职业发展目标上你连想都不敢想，那么你的职业发展只能原地踏步，或者靠机会和运气来驱动。

作为企业培训经理，职业如何发展和定位，如何规划自己的职业发展，在这里我简单阐述一下职业发展路径，供大家参考。

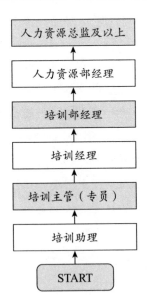

附图 1　企业培训经理的职业发展路径

从任职资格角度，很多刚开始做培训的人员（如大学毕业生）刚参加工作，要从培训助理做起，之后做培训主管（或专员），发展到培训经理和培训部经理（大中企业设立），继续往上发展到人力资源部经理，再往上发展到 HRD（人力资源总监），乃至 HRVP（人力资源副总）或 CEO（总经理），这是最经典的发展路线。

在这条职业发展通道和路线上，每项任职资格的发展节点对职位有啥具体要求呢？

下表对这些要求做概要的阐述。

附表 1　培训经理职业发展节点的职位需求概述

职　位	基本能力要求	知识素质要求
培训助理	协助培训主管做培训，适合刚毕业涉足培训的入门者（1年内）	了解培训管理和人力资源基础
培训主管（或专员）	能够独立做好最常见的培训，如新员工培训和公司安排的培训	掌握培训管理和人力资源基础
培训经理	带 1—2 个队伍，独立做好公司各种培训，同时能有效组织好外训	精通培训管理和人力资源管理
培训部经理	带领培训部所有成员，能够完美执行好人力资源部年度培训计划	精通培训管理知识体系，能够很好地做培训计划、做执行
人力资源部经理	在人力资源总监指导下，能够制订公司培训计划和预算、同时监督培训经理的实施，此外要有能力做好培训效果分析	精通培训管理知识和人力资源各个模块的知识，掌握公司发展战略知识
人力资源总监	站在公司发展战略高度做好培训的战略规划，指导人力资源部经理做好培训计划和实施，同时能够清晰掌控企业培训面临的困难和挑战	精通人力资源所有模块，清晰掌握公司发展人力资源战略
人力资源副总（HRVP）	站在公司发展战略高度审视公司人力资源发展战略，为人力资源培训提供有效资源支撑	精通企业发展战略和人力资源发展战略规划
CEO	精通公司所有业务（包括营销、市场、研发和人力）	精通人力资源、市场营销和产品研发各项知识，具有大局观和战略思维

上述路线是培训经理在企业里的发展路径，从上表我们可以看出，职业越往上走，对个人能力和素质要求越高，这也是自我修炼的路线。

当然企业外的发展路径还包括可以向专业培训师（咨询师）方向发展，社会上有很多培训大师或"名嘴"来自企业的培训经理，我感觉也是一条不错的发展路子。

我要谈到的第二个问题是自我修炼问题，作为培训经理，如何通过有效的修炼快速提升个人职业素质，快速实现自己的职业梦想呢？这里涉及的如何体现个人职业化管理价值的问题，更要思考作为人力资源管理者如何体现专业化管理价值。

如何体现人力资源专业管理价值，必须以"一个中心目标，两个管理意识，三个关注层面"为基点进行分析：

（1）一个中心目标就是专业化的价值

人力资源要成为企业发展战略的推动者，人力资源所有工作必须紧密地围绕企业的经营管理展开来体现专业化的管理价值。

作为培训经理就要思考企业的培训工作如何做更有价值。作为培训工作体现的价值点可以借鉴参考如下：

- 传递企业文化和核心价值观
- 沟通企业战略目标
- 在变革期改变员工思想观念
- 提高员工岗位技能
- 推广新的观念、知识和技能
- 提高团队整体素质水平
- 个人职业生涯发展
- ……

上述最核心的目标是"体现专业化"的管理价值，培训工作必须围绕核心价值观来展开。

（2）两个管理意识：即客户意识和服务意识

- 客户意识：人力资源部要真正将业务部门当成自己的客户，要了解业务部门的需求。只有有了这种客户意识，满足了业务部门需求，才能真正体现人力资源管理工作的价值。
  - ➡ 作为培训管理工作，必须紧密围绕各业务部门员工能力差异分析来展开，这样的培训才能做到有的放矢。

- 服务意识：人力资源管理工作的价值是通过业务部门来实现的，要切实满足业务部门对 HR 工作的需求，不断提高实际工作水平。

➡ 培训工作必须认真做好分析，看看每项工作的结果是否满足了业务部门的需求。只有有了明确的结果导向，才能时刻关注人力资源管理工作的价值。

（3）三个关注层面

即管理层、中层经理和员工代表了三个不同的群体，他们的需求及关注的结果是不同的。

- 管理层关注公司最终的业绩：如果公司的业绩不好，其他什么都谈不上。因此，人力资源部门的负责人要关注公司的老板在想什么、从哪些方面能够帮助公司达成业绩。当然老板也会关注企业的战略发展方向问题。
- 中层经理关注的是自己部门的业绩指标是否能完成：因此人力资源部就需要考虑看从哪些方面能够帮助中层经理完成自己的业绩。不同的业务部门可能需求不同，不同阶段也可能需求不同。这就需要人力资源部要时刻关注业务，了解业务，了解业务部门正在做什么，遇到什么困难，需要什么帮助。
- 员工主要关注的是自己的个人业绩指标及职业发展等。因此，人力资源部就要考虑从哪些方面能够帮助员工完成自己的业绩，通过有效培训帮助员工能力提升和在职业中的成长。

在企业中的未来发展定位中，人力资源管理部门一定要是懂业务、懂经营、并会控制成本的部门，人力资源部各级管理者主要需要承担的使命如下：

（1）始终保持人力资源的专业化精神

社会发展环境变化很快，企业发展始终要和内外环境动态适应，作为人力资源管理者必须要始终关注内外环境的变化，学习和掌握前沿管理理论和专业知识，保持对人力资源管理的敏锐嗅觉和深刻的洞察力，时刻准备为企业人力资源管理提供先进的管理理念支持，坚持做好企业领导及各部门的合作伙伴；

（2）企业管理问题发现者和解决问题的推动者

任何企业在实际的运营过程中肯定会发生各种各样的问题，人力资源部在实际工作过程中要担当问题发现者的角色，特别是在人力管理制度流程、企业运营管理和流程管理方面，要充分运用自身的专业知识、职业的敏感和部门职能的特殊性，及时发现和善于发现现存的和潜在的问题和风险，积极组织、推动各方力量共同寻求解决问题的办法，推动公司向着更加规范方向发展。

（3）企业各项改革的推动者

企业要想持续地保持其核心竞争力，变革是必需的，但是组织变革和创新需要一个环境，变革往往会受到多方的阻力和压力，使得企业变革举步维艰。作为专业的管理部门，人力资源部应勇敢承担起这个责任，利用自己的专业知识，积极、合理、有计划、有步骤地推动组织进行持续变革，以应对不断变化的市场环境和竞争环境，让企业永远立于不败之地。

（4）企业的沟通平台

俗话说"有人的地方就有江湖，有江湖的地方就有恩怨"人力资源部就应当在人力资源管理方面搭建沟通平台，避免管理内耗，协调各方力量致力于提高组织绩效，为企业发展营造和谐的组织氛围和融洽的劳动关系。

（5）推动企业内部管理服务意识的楷模

人力资源不仅有管理，更有服务，在管理中认真倾听各个部门的实际需求，为他们出谋划策，对于员工要积极聆听他们的意见和呼声，利用人力资源专业知识和技能为员工排忧解难，让员工与企业共同成长。

（6）企业学习型组织的构建者

价值创新的土壤来自源源不断地学习。要实现企业的价值创新，如何将企业构建成为一个学习型组织就成了人力资源者的首要任务。创建学习型组织的目的是使企业全员能获得不断学习、系统思考的能力，进而转化为持续不断的价值创新力，为企业在未来发展注入价值创新的原动力。

综上所述，人力资源管理的使命就是：坚持"以人为本"的核心价值观为导向，以雇主品牌吸引人，以创造良好机会培养人，以良好激励机制用好人，以事业舞台发展留住人。坚持员工与企业共同成长，逐步提高员工的满意度，打造最佳雇主品牌，把人力资源建设成企业的核心竞争能力，保障企业健康发展。

作为培训负责人，要认真研究人力资源管理的使命和价值，围绕 HR 的核心价值展开有效的工作，这样才能做好自我修炼的基本功，才能在职业发展通道中通过有效的修炼直线发展，最终实现自己的职业梦想！

图书在版编目（CIP）数据

HR 员工培训从助理到总监 / 贺清君著 . —北京：中国法制出版社，2018.12
（HR 从助理到总监系列丛书）

ISBN 978-7-5093-9615-5

Ⅰ.①H… Ⅱ.①贺… Ⅲ.①企业管理—职工培训 Ⅳ.① F272.92

中国版本图书馆 CIP 数据核字（2018）第 158899 号

策划编辑：潘孝莉

责任编辑：马春芳（machunfang@zgfzs.com）　　　　　　　　封面设计：一本好书书籍设计

HR 员工培训从助理到总监

HR YUANGONG PEIXUN CONG ZHULI DAO ZONGJIAN

著者 / 贺清君

经销 / 新华书店

印刷 / 三河市紫恒印装有限公司

开本 / 730 毫米 × 1030 毫米　16 开　　　　　　　　　印张 / 17　字数 / 287 千

版次 / 2018 年 12 月第 1 版　　　　　　　　　　　　　2018 年 12 月第 1 次印刷

中国法制出版社出版

书号 ISBN 978-7-5093-9615-5　　　　　　　　　　　　　　　　　定价：59.00 元

值班电话：010-66026508

北京西单横二条 2 号　邮政编码 100031　　　　　　　　　传真：010-66031119

网址：http://www.zgfzs.com　　　　　　　　　　　编辑部电话：010-66022958

市场营销部电话：010-66033393　　　　　　　　　　邮购部电话：010-66033288

（如有印装质量问题，请与本社印务部联系调换。电话：010-66032926）

01 / 老 HRD 手把手系列丛书

《老 HRD 手把手教你做招聘》
书号：978-7-5093-6528-1
定价：58.00 元

《老 HRD 手把手教你做员工管理》
书号：978-7-5093-6655-4
定价：56.00 元

《资深律师手把手教你搞定劳动争议：人力资源法律风险防范案头工具全书（第二版）》
书号：978-7-5093-9340-6
定价：58.00 元

《老 HRD 手把手教你做人力资源管理》
书号：978-7-5093-6657-8
定价：66.00 元

《老 HRD 手把手教你做薪酬》
书号：978-7-5093-6530-4
定价：58.00 元

《老 HRD 手把手教你做培训》
书号：978-7-5093-6659-2
定价：59.00 元

《老 HRD 手把手教你做企业文化》
书号：978-7-5093-6529-8
定价：52.00 元

《老 HRD 手把手教你做任职资格管理》
书号：978-7-5093-6658-5
定价：49.00 元

《老 HRD 手把手教你做绩效考核》
书号：978-7-5093-6710-0
定价：58.00 元

《老 HRD 手把手教你做岗位管理》
书号：978-7-5093-6650-9
定价：48.00 元

02 / 名企 HR 最佳管理实践系列丛书

03 / HR 从助理到总监系列丛书

《名企人才招聘最佳管理实践》
书号：978-7-5093-7952-3
定价：69.00 元

《名企绩效考核最佳管理实践》
书号：978-7-5093-9240-9
定价：59.00 元

《名企人力资源最佳管理实践》
书号：978-7-5093-7954-7
定价：69.00 元

《HR 绩效管理从助理到总监》
书号：978-7-5093-9647-6
定价：69.00 元

《名企员工关系最佳管理实践》
书号：978-7-5093-7953-0
定价：66.00 元

《名企员工培训最佳管理实践》
书号：978-7-5093-8172-4
定价：66.00 元

《名企人力资源管控最佳管理实践》
书号：978-7-5093-8107-6
定价：59.00 元

《HR 员工培训从助理到总监》
书号：978-7-5093-9615-5
定价：59.00 元

《HR 员工激励经典管理案例》
书号：978-7-5093-9490-8
定价：49.00 元

《HR 劳动争议经典管理案例》
书号：978-7-5093-9632-2
定价：59.00 元

《HR 员工招聘经典管理案例》
书号：978-7-5093-9570-7
定价：59.00 元

《HR 企业文化经典管理案例》
书号：978-7-5093-9628-5
定价：59.00 元

《HR 薪酬管理整体解决方案：共
享价值分配新规则》
书号：978-7-5093-9379-6
定价：59.00 元

《HR 员工激励整体解决方案：
让员工自发自主去工作》
书号：978-7-5093-9299-7
定价：59.00 元

《HR 人力资源实战整体解决方案：
精彩案例全复盘》
书号：978-7-5093-6211-2
定价：59.00 元

《企业人力资源管理全程实务
操作（第三版）》
书号：978-7-5093-9793-0
定价：69.00 元

《绩效考核与薪酬激励整体解决
方案（第三版）》
书号：978-7-5093-9787-9
定价：69.00 元

《深度绩效奖励全案》
书号：978-7-5093-9296-6
定价：49.00 元

《重新定义培训：让培训体系与
人才战略共舞》
书号：978-7-5093-9753-4
定价：59.00 元

《名企核心人才培养管理笔记：为您揭开世
界一流企业人才选用育留管理真经》
书号：978-7-5093-8316-2
定价：59.00 元

《HR 劳动争议案例精选与实务操作指引：125 个全
真案例为您揭开打赢劳动争议案件的实战真经》
书号：978-7-5093-9298-0
定价：59.00 元

《企业人力成本控制整体解决方案》
书号：978-7-5093-6553-3
定价：58.00 元

《要想做好 HR 你要有两把刷子：如何
搞定人力管理难题和防范管理风险》
书号：978-7-5093-6571-7
定价：66.00 元

《人力资源就该这么管：全方位构建
老板与员工共赢的 HR 管理新体系》
书号：978-7-5093-8300-1
定价：59.00 元